大和民族之魂
东京大学

王子安◎主编

汕頭大學出版社

图书在版编目（ＣＩＰ）数据

　　大和民族之魂——东京大学 / 王子安主编. -- 汕头
：汕头大学出版社，2012.4（2024.1重印）
　　ISBN 978-7-5658-0713-8

　　Ⅰ．①大… Ⅱ．①王… Ⅲ．①东京大学－概况 Ⅳ．
①G649.313.8

　　中国版本图书馆CIP数据核字(2012)第069309号

大和民族之魂——东京大学

主　　编：王子安
责任编辑：胡开祥
责任技编：黄东生
封面设计：君阅天下
出版发行：汕头大学出版社
　　　　　广东省汕头市汕头大学内　邮编：515063
电　　话：0754-82904613
印　　刷：河北浩润印刷有限公司
开　　本：710mm×1000mm　1/16
印　　张：11
字　　数：80千字
版　　次：2012年4月第1版
印　　次：2024年1月第2次印刷
定　　价：50.00元
ISBN 978-7-5658-0713-8

目 录

历史回眸

美誉深蕴

文化徜徉

目录

目
录

历史回眸

培里 "黑船" 与大学源头

从 18 世纪末起，西方国家为了争夺商品市场和原料产地，纷纷将侵略矛头指向日本。早就觊觎日本北方领土的俄国，1792 年派遣使节到日本，要求开港通商。从 1794 年到 1854 年的 60 年间，俄、英、法、

鸦片战争

历 史 回 眸

3

美等国与日本接触多达 50 次。它们共同的目标是要求开港通商，但屡遭幕府拒绝。英国发动侵略中国的鸦片战争以后，幕府深感威胁，于 1842 年改变炮击一切外国船的强硬态度，允许外国船在日本港口加煤上水。但是幕府仍然坚持 17 世纪中期以来实行的"锁国"政策。

而美国急于在亚洲太平洋地区建立殖民扩张据点和捕鲸船队中继站，于是决定用武力迫使日本"开国"。

明治天皇

"明治维新"前的日本同当时的大清一样处于闭关锁国的状态。1853 年 7 月 8 日（大清咸丰三年、日本嘉永六年），为了打开日本的门户，美国派遣美国东印度舰队司令官、海军准将马修·佩里率领 4 艘战舰，驶入德川幕府咽喉要地江户湾相州浦贺海面（今东京湾神奈川县南部）。由于日本长期处于闭关锁国的状态下，当地民众从没见过蒸气动力、全身黑色的美国军舰，当地人称之为"黑船"，并且被这突如其来、从未见过的黑家伙惊呆了。顿时，岛国陷入了极度恐慌状态。

消息传来，日本人动荡不安的心情达到了极点。"黑船"烟筒里日夜吐着滚滚浓烟，大炮威风凛凛，剑戟寒光闪闪，咄咄逼人，给日本人带来不小的惊吓。本来只有 4 艘军舰，500 余士兵的消息传到江户，竟变成了 10 艘军舰，5000 多士兵；传到京都，竟成了 100 艘军舰，15 万

士兵。真是一犬吠形，百犬吠声。各地的人们有各种不同的传说，人们终日寝食难安，不知道接下来要发生什么事情。

美国军舰的出现，使整个岛国被紧张的气氛所笼罩。海面上，快速"黑船"横冲直撞，神气十足；海岸上，布满了手执兵器的日本武士，大有战火一触即发之势，事态十分危急。虽然双方尚未交战，但是江户城却早已陷入极度混乱状态。人心慌乱，物价暴涨，富豪迁

马修·佩里

徙，诸大名及其家族纷纷返回封地。一时间，朝野上下手忙脚乱，不知所措。

佩里舰队的旗舰萨斯喀那号，蒸汽明轮护卫舰，1850 年建造，排水量 2450 吨，搭载 9 门炮，船员 300 人。

历史回眸

5

其实，日本人的惊恐万状并不无道理。就拿佩里舰队的 4 艘军舰来说，其中两艘分别是 2450 吨和 1692 吨的大型蒸汽船，并且各自配备 300 名船员，还配有 10 英寸大炮 2 门，8 英寸大炮 19 门，32 磅炮 42 门。另外的两艘分别是 989 吨和 882 吨级的大型帆船。而日本呢，当时根本没有大型船只，最大的也只有 100 吨货船，更谈不上有装备齐全的军舰了。至于大炮，只有布置在浦贺港、江户湾炮台的 20 门，还不到佩里舰队的三分之一。对于日本来说，这就是杀伤力最强的武器装备了。兵力的差距，反映出了当时日美双方国力的悬殊。

德川幕府

此时此刻，一贯奉行"锁国政策"的日本，深感危机就在眼前。这时的日本，天皇是名义上的最高统治者，而实际权力则掌握在世袭的

历史回眸

德川家族的将军手中。将军的政厅叫"幕府",设在江户(今东京),是全国的最高政权机构。将军下面的封臣叫"大名",大名的领地叫"藩"。将军和大名都有自己的家臣。这样,天皇、将军、大名、武士就构成了日本的封建统治阶级。从 16 世纪中叶起,葡萄牙、西班牙、荷兰、英国等国接踵而来,到日本传教通商。德川幕府为了抵制西方资本主义势力的影响,巩固其封建统治,以禁止基督教的传入为借口,从 1633 年起,在短短的几年内相继五次颁布"锁国令",严禁同外国来往与通商。这期间,日本除了和中国、荷兰有来往外,西方各国一律被排斥在外。"锁国政策"在一定时期内确实起到了它所预期的作用,但归根到底,它只能延缓民族危机的来临,其结果必将酿成更为严重的危机。锁国政策使日本同西方世界几乎完全隔绝,严重地阻碍了新兴资本主义因素的发展,其科学技术和经济水平远远落后于西方国家。佩里"黑船"的入侵,使日本如梦方醒,并且由于太突然,日本人显得有些手足无措。

其实早在 1844 年,荷兰国王就已致书于日本幕府,劝告日本"开放",并把中国爆发鸦片战争的消息告诉了幕府首脑,预言不久欧美势力就要延伸到日本。日本人虽然早已得知西方列强侵略中国的消息,但由于没有直接感受,所以一直妄自尊大,杜门不纳。

1854 年,佩里舰队再次入侵日本海域,进一步对日本幕府施加压力。在无力可抵的情况下,幕府被迫签订了《日美亲善条约》。培里对日本有三个要求,第一是保护在日本沿海遭难避风的美国船只上的乘员生命财产安全;第二是为船只提供补给;第三是促进日美两国贸易。随

着美国工业革命的推进，纺织业的飞跃发展，美国迫切需要开拓亚洲市场，而日本是绝好的中继站，有丰富的煤炭资源，便于船只的补给。

1858 年，美国再一次逼迫幕府签订了又一个不平等条约《日美修好通商条约》。条约中规定：日本向美国开放一系列港口，给予美国最惠国待遇。接着，俄、英、法等国也援例把类似的不平等条约强加给日本。日本的不平等条约和当时清朝与各国签订的不平等条约相比，稍有些有利内容，如禁止鸦片输入、外商不得在特许地以外贸易等，虽然在一些方面维护了本国利益的丢失，但都是在战争失利后被强制纳入西方的单方面自由贸易体制的，对本国利益来讲，仍然是一种损失。

日本的大门被叩开了，外国的廉价商品像潮水一样涌入日本市场，日本传统的手工业和落后的商品经济遭到严重摧残。西方殖民主义者不断从日本掠走大量原料和金银，这使日本的经济受到更大的破坏，进一步加深了日本人民的苦难。内忧外患使日本幕府的统治陷入极度困境。

从此，日本长期奉行的锁国政策开始瓦解了，国家的主权受到严重侵犯，关税不能自主，日本面临即将沦为殖民地的严重的民族危机。于是，日本的仁人志士大声疾呼，以唤起国人对"国政"的关心。

为了摆脱困境，幕府中的开明首脑人物力图寻求一条"救民强国"的出路。关键人物当属首席老中（江户时代官职名）阿部正弘。

阿部正弘是当时幕府里的执政者，也是一位相当出色的教育家。他在教育方面采取了一系列的协调政策，除任用以攘夷论著称的德川齐昭为幕府参与外，又与松平庆永（越前藩主）和岛津齐彬（萨摩藩主）结成紧密关系，意在缓和幕府的独裁以应付困难的时局。23 岁的阿部

历
史
回
眸

以其笃厚的人品和才识破例就任老中（天保十四），在人才任用方面巧妙地采取协调政策，显示出了某种程度的开明性。每个时代都是需要人才的，封建的身份等级极为严格的江户时代也是如此，德川齐昭曾呼吁洞开言论，并以意见书的形式向幕府献策。阿部老中便将意见书中所献之策付诸实施，把下列的人才委以要职：

水野德忠（勘定奉行，负责幕府直辖领地的赋税征收与幕府财政运作之财政官）、川路圣谟（同前）、松平近直（同前），筒井政宪（大目付，监督诸大名之职，并参加幕府行政运作），堀利熙（目付，室町至江户时代的武家官职）、岩濑忠震（同前）、永井尚志（同前）、大久保忠宽（同前），竹内保德（箱馆奉行），井上清直（下田奉行）。

除此以外，他又任命伊豆韭山代官江川太郎左卫门（英龙）为勘定吟味役（官职名勘定次长，负责监督甚连天所人员行为），担任海防挂一职。江川收留了天保十三年在长崎被捕并受到中流放处分（较之重流放为轻）、嘉永六年被释放的高岛四郎大夫（秋帆），任其为韭山代官的手附（在代官所掌管一般农政的地方官）。秋帆将其于同年十月起草的开国意见书（嘉永上书）通过江川上呈给幕阁。在江户开办兰学（江户时代中期以后，通过荷兰书籍传人日本的西洋学问）私塾的胜麟太郎（义邦、号海舟），在上申书（嘉永六）中，就美舰提出的对策显示出了他的远见卓识。后经大久保忠宽（一翁）的举荐，他于安政二年一月当了异国应接挂兰书翻译御用（官职名，为官府御用的翻译），由此担当起了挽救德川幕府末路命运的重任。另外一个具有传奇色彩的人物中浜万次郎原是土佐的渔夫，天保十二年（1841年）遭海难，被

美国捕鲸船救起，后在美国滞留约 7 年（1843—1850 年），接受了美国学校的教育，嘉永四年（1851 年）被美船送还琉球，同年六月以普请役（土木工程的负责人）的级别被录用，之后在江川的属下从事外国使节书信的翻译工作。

阿部正弘如此注重人才，以至破格采用微贱之士担任海防挂等要职，在制定应付时局的对策中起到了重要作用。他认为在当前局势下，"按旧有的制度和惯例推行原有的政治，已经日见困难"，并积极主张"考虑锐意改革"。有了这样的想法，阿部正弘便于 1854 年 6 月，首先提出了幕府改革 37 项纲领，其中最重要的一项就是设置海防局和附属调查机构。随着日本同欧美外交的开始和发展，需要处理的外交文件数量剧增。而且西方资本主义武装势力的威胁，又迫使日本必须强化自身的国防力量。因此，日本需要培养大批外语人才，以处理外文文件，翻译西方书籍，为幕府提供外国军事、政治、外交等方面的知识和情报。为此，在海防局附属调查机构中设置了"蕃书调所"。

为了使蕃书调所的宗旨得以实现，幕府为之规定了三大原则：保密，以西学为主，禁止信奉基督教。根据这三大原则，幕府又规定蕃书调所的入

朱熹

学资格只限于幕府臣官及其子弟，以保证学生来源的可靠。在选用教师和事务员时，也要进行严格审查，为的是保守国家机密。蕃书调所的一切经费，均由德川幕府支付，学生免交费。1857 年 1 月 11 日，蕃书调所举行了首届开学典礼，当时只招收了 191 名学生。

"蕃书调所"是江户时代研究和教育西洋学术知识的中心。从最初专门研究从荷兰传来的西洋文化，发展到后来以外交为目的的外语教学以及对西方发达的自然科学学习，大家逐渐认识到稍有一些妄自尊大之嫌的"蕃"字已不合时宜。1862 年 5 月，德川幕府将"蕃书调所"改为"洋书调所"。原因之一就是日本已开始意识到"不应刺伤发达国家的感情"，因为"蕃"是指未开化的民族。西方殖民主义者的入侵，使日本人的"岛国性傲慢态度"开始减弱，开始逐步正视现实。原因之二，是蕃书调所需要从以翻译荷兰书籍为主的机构，转变为学习和研究多种西方近代学科的机构，尤其是英语、冶炼学、机器学、制图学、数学等。洋书调所已逐步转变为一个教育和科研相结合的机构。

改名后，洋书调所林大学头等人认为洋书调所尚不完善，便向幕府提出呈报书，主张洋书调所除了在以西方书籍的翻译为基础的"书面上的研究"以外，还应对"实事实物"进行实验和研究，把调所办成一所囊括"百工之技艺"的机构，可称为"开成所"。幕府接受了这一建议，并于

孔 子

历史回眸

1863 年 8 月，改"洋书调所"为"开成所"。

"开成"取自中国的《周易·系辞上》"夫易，开物成务，冒天下之道，如斯而已者也"中的"开物成务"一词。意思是：通晓万物之理，按理办事，得到成功。这样看来，无论在内容上，还是在知识的深度和广度上，"开成所"都比"洋书调所"前进了一步。

江户时期，为了维护封建等级制度，幕府开始尊崇中国宋儒朱熹创立的朱子学。而日本传统宗教的神道思想则在和学（或称国学）中得到发展。另外，幕府为了防止欧洲殖民势力的入侵，采取了"锁国"政策，禁止与除中国、荷兰以外的其他国家通商，日本只能通过荷兰人了解西方的科学文化知识。因此，西方科学文化当时被称为"兰学"，并于 18 世纪开始得到广泛流传。儒学、和学与兰学等各种流派在不同的阶段和不同程度上影响了日本的学术思想、教育理论和教学内容。江户时期的文化教育开始呈现复兴的趋势，教育机构也逐渐发展起来，办学形式多种多样。

江户时期的教育机构分为：幕府直辖的学校、藩学、"民众"教育所三等。著名的幕府直辖学校有昌平坂学问所、和学讲习所、开成所及医学所等。昌平坂学问所是最重要的儒学中心，设有祭祀孔子的圣堂。和学讲习所是传授日本国学的中心。开成所是传授西方文化科学知识

寺子屋

历史回眸

和西方语言的中心。医学所教授荷兰医学。藩学一般设在大名的领地上，以培养各藩武士为主。藩学的教学内容开始以汉学书籍为主，同时习武。1715 年以后，逐渐增加了近代科学知识的教学内容，如数学、医学、航海和军事技术、西方语言等，也有学习和学的。"民众"教育的机构，包括乡学、私塾、寺子屋、心学与实学讲习所等各种类型学校。乡学分为大藩的支族或家臣为他们的子弟开设的学校和庶民在乡村中设立的学校两种。前者类似藩学，后者类似寺子屋。私塾是由学者个人在各地创设的学校，它对江户时代文化科学的发展起了很大作用。寺子屋在江户初期多设在寺院，后来设在寺院以外的寺子屋逐渐增多。到明治维新前夕，寺子屋已发展到 2 万余所。寺子屋的主办人，有武士、僧侣、医生和神官，也有平民。学生称为"寺子"，来自社会各阶层，以平民居多。学习科目主要是读、写、算。它是一种群众性的教育机构，为明治维新以后普及初等教育奠定了一定的基础。

在这些学校里面，开成所无疑占据了非常重要的地位。开成所根据实际需要，设置了幕府急需的语言学科和科学技术学科。在语言学科里，起初只开设荷兰

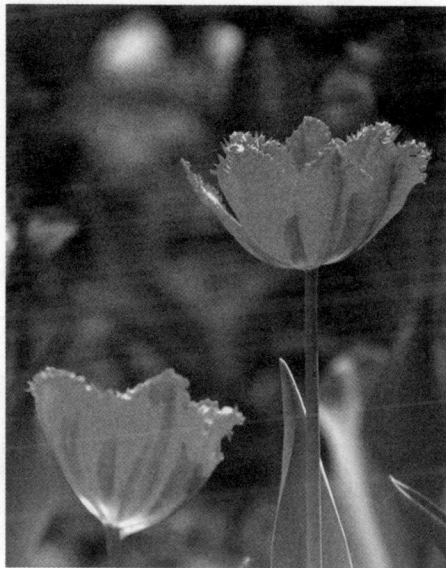

郁金香

历史回眸

13

语，后来又逐步开设了英语（1860 年）、法语（1861 年）、德语（1862 年）、俄语（1864 年）。随着国际交流的增多，幕府尤其急需精通英语的人才，于是幕府号召学生学习英语。这样，学生中以学习英语者为最多。以 1862 年为例，100 多名学生中，学英语的就占到了 70%。开成所还编撰了《英和对译袖珍辞典》、《英语辞典》、《法语辞典》、《德语辞典》等十几种外语辞典。这些是日本近代首次发行的较为系统的外语辞典，对了学生解和学习外国起到了重要作用。在科学技术学科里，主要安排了天文学、地理学、数学、物产学、冶炼学、机械学、制图学、西方印刷术等课程。这些课程的开设，尤其是冶炼学、物产学、机械学

苹果树

等都因直接与幕府发展工业、农业有关而受到格外重视。其中，物产学发展最快，成绩也很显著。比如开成所教师伊藤圭介及其学生田中芳南等人，经过苦心钻研、多次实践，终于在日本成功地栽培了郁金香，并普及了苹果树的嫁接技术。他们制作的日本第一个较系统的昆虫标本还在巴黎博览会上展出，赢得国际好评。

除了学习、研究和接受西方发达国家的自然科学外，开

成所的教师们还积极学习和研究西方社会科学和人文科学。特别是西周、津田真道、加藤弘之等人对西方的思想、法律、政治、经济等产生了浓厚的兴趣。他们经常开展学习会、研究会等活动，还编写了《万国公法》、《泰西国法论》、《交易问答》、《立宪政体略》、《经济小学》等著作。他们还创办刊物，介绍西方世界，传播西方文化，以开阔国人的眼界，振奋国人的精神。例如柳川春山等人首次创办了定期刊物《西洋杂志》和《中外新闻》报纸。其中，《中外新闻》被视为日本近代新闻业的先驱。

由此可见，"开成所"已不再是像"蕃书调所"那样只是翻译西方书籍、调查外国情况的机构，它已发展成了一个专门研究西学、传播西学的综合性高等学府。

1866 年，德川家族第 40 代将军德川庆喜接任后，对幕府进行了一些改革，历史上称之为"庆应改革"。其中就包括了对幕阁机构和幕府军制的重大改革。

幕阁机构的改革是根据罗修斯公使的提案进行的。庆喜就任将军后立即接见了各国的公使，和罗修斯的会见，是庆应三年二月

德川庆喜

历史回眸

六、七两日在大阪举行的。这次会见中罗修斯向庆喜提出了幕政改革的具体方案，即削减诸大名的权力，以期达到中央集权体制。以往的幕府职务制度中除胜手挂、外国挂、海陆军总裁以外，老中在职务上都不分别担任，百是根据月番合议制，因此各自的责任都不明确。而罗修斯的方案则是要建立一个以总裁为首席，设立陆军、海军、外国事务、全国部内、会计、曲直裁断等六局类似内阁制度的组织。幕府除曲直裁断（司法）以外，采用了其中的五局，废除了老中的月番制，加上庆应二年十二月就任的陆军总裁（大给乘谟）、海军总裁（稻叶正巳），又新任命了国内事务总裁（稻叶正邦）、外国事务总裁（小笠原长行）、会计总裁（松平康直），在外国事务总裁之下设置了外国总奉行（平山敬忠），另外又设置了制铁奉行等新职，以图废止冗职使事务简捷化。

关于幕府的军制改革，如果把文久三年以来的步、骑、炮三兵种的编成算作是第一次改革的话，那么庆应二年八月开始的这次军事改革就相当于第二次改革。庆喜就任将军后便立即着手整备枪队，组成了撒兵和千人队（改编了八王子千人同心）。在军队教练方面，由罗修斯公使从中斡旋，从法国招聘来以查诺瓦努大尉参谋为团长的一行军事教官（大约18名）（1866年11月6日在巴黎签约）。这一行军事教官的人数比原定的35名减少了近一半，他们于庆应二年十二月八日到达横滨。在这个军事教官团中，包括布鲁耐炮兵大尉和杜布斯奎特中尉等人。骑兵头并成岛甲子太郎（柳北）于第二年春天在已有营造施设的横滨太田阵屋，开始了陆军讲习（三兵教育），后迁移到江户驹场野（庆应三

16

年五月）。当时的陆军总裁松平（大给）乘谟（信州田野口藩主）专心学习法语会话，与查诺瓦努结成至交。由于技术学习和陆军讲习上的需要，在横滨还设立了法语讲习所，由和春等来教授。他回到法国后的第二个月便举行了第一次结业式，罗修斯公使也出席了仪式。

至于海军讲习则可上溯到在长崎的实施（至安政六年二月），但海军在庆应年间也有很大发展。神户的海军操练所，由于其总管胜义邦在前一年年末涉嫌培养了激进之徒而被免职召回，开办仅仅 10 个月就于庆应元年三月被废弃了，从而使海军教育成为当务之急。庆应二年一至四月，日本海军战士在横滨港内的幕府军舰富士山舰上接受了法国士官巴利的教诲。幕府在庆应元年七月设置了海军奉行，庆应二年八月将筑

牛痘接种

地的军舰操练所改成海军所，九月委托罗修斯公使斡旋购买了两艘军

舰。此时有人提出海、陆军的讲习都由法国公使一手包办是否欠妥当，幕府便委托英国公使帮忙招聘军事教官。庆应三年九月，12 名英国海军士官来到日本，十二月在筑地小田原町又迎来了约 70 名讲习生，不过讲习后来因幕府瓦解而被迫中止。另外，庆应三年三月在江户郊外的泷野川，由小栗忠顺、武田斐三郎等企划建设西洋式的火药制造场，原本到同年八月工场已接近竣工，却也因幕府的崩溃而最终废弃。

在幕府进行改革的同时，开成所也随之做了相应的改革。首先是对教师出勤体制的改革：一是把原来规定的教师"隔日出勤"改为"每日出勤"；二是把教师分为三个级别，按教师的级别重新制定教师出勤补助金，以解决师资不足和由于一个班级的学生程度不同而给教学带来的困难。这一时期，幕府又把培养具有专业知识和语言能力的军官的任务主要交给了开成所，开成所的教育就成为了军队建设的重要一环。这样一来，由于开成所的学生以军人为主，学生人数猛增，由 1862 年的 100 多人增加到 1866 年的 500 多人，开成所不得不采取措施，增加教师数量，并向程度不同的学生提供不同的教学内容。在招收藩士为学生的同时征收束，这样既可以减轻幕府的经济负担，还可以促使各藩选送最优秀的学生入学。开成所还把部分课程对外开放，如西方地理学、历史学、兵学等，使受教育面逐渐扩大。

随着西学的传入，尤其是荷兰医学的传入，给以中医为主的日本医疗界带来了重大影响。1858 年，江户出现了种痘所，这是居住在江户的荷兰医师的私设医疗机构。种痘所，顾名思义，起初是牛痘接种的专门机构，后来逐渐发展成为研究和传授西方医学的教育机构。当时江户

中医甚多，幕府曾采取取缔荷兰医学的政策，挟制西医，以便发展中医。然而，由于荷兰医学疗效显著，逐渐被人们广泛接受，因此种痘所就成了荷兰医学获得幕府承认的主要突破口。

1860 年，德川幕府把这所私立种痘所改为官立种痘所。此后，西医研究得到进一步的发展，尤其是在人体解剖学方面取得了重要成果，日本历史上首次女尸解剖就是在这里进行的。幕府规定官立种痘所进行基础医学教育，培养官医，规定主要招收幕府医师和幕府官员子弟进行医学教育。这时的种痘所已发展成为能进行人体解剖、种痘、医学教育等多种医疗活动的综合性医学教育机构。

1861 年，幕府又把种痘所改名为"西洋医学所"，这表明了幕府积极吸取西方医学的方针和决心。当时幕府向国外派出的第一批官费留学生有 16 名，其中学医的就有两人（伊东玄伯和林研海）。这两人是被派往欧洲，专攻西方医学的。"西洋医学所"在绪方洪庵、松本良顺的领导下，成为名副其实的日本医学最高学府。1863 年，"西洋医学所"改名为"医学所"，这意味着西医已在日本得到了正式地位。

至此，"开成所"和"医学所"作为吸取西方文化和科学技术的高等学校初具规模，它不仅是东京大学的源头，也为日本近代高等教育的发展打下了坚实的基础。

几次演变但却"变名不变姓"

东京大学的演变过程可分为三个阶段：东京大学初创时期，帝国大学时期，战后新制东京大学时期。

东京大学初创时期（1877—1886 年）。19 世纪中期，日本的社会危机和民族危机急剧加深，终于爆发了以下级武士为领导的倒幕政变。

民族危机促使阶级斗争迅速而急剧地发展。开港后，日本人民的反封建斗争进入了新阶段。农民不仅反对幕府的封建统治，而且提出了改革社会的口号，并与城市贫民联合，进行共同斗争。从 1866 年到 1867 年的 2 年间共爆发了 140 次农民起义和 42 次城市贫民暴动，次数之多、范围之广、斗争之激烈，在日本历史上都是前所未有的。农民和城市贫民的斗争严重动摇了幕府的统治。

而面对欧美列强，幕府将军也感到了危急，他一面派人请示天皇，一面通令各藩诸侯出谋划策。自此以后，长期处于京都宫廷无所作为的天皇和公卿又厕身于统治核心的行列，被排斥在中央政府之外的旁系大名也获得了政治发言权，这也说明幕府的统治地位发生了动摇。与此同

时，各种反对幕府的政治势力都在逐渐向京都的天皇朝廷靠拢，从而形成了江户幕府和京都朝廷两大力量中心。另一方面，下级武士和志士们激烈地批判幕府屈服于列强压力签订不平等条约。而幕府采取的高压手段，更激起了反对派的愤怒。1860 年 3 月，水户藩士在江户樱田门外刺死了幕府大老井伊直弼。这一事件成了倒幕运动迅速发展的导火索。

从旧营垒中分化出来的、早就接受西方资产阶级思想影响的中下级武士，特别是西南诸藩的中下级武士，代表了资产阶级的利益，成为倒幕运动的领导者。他们打着"尊王攘夷"的旗帜，同幕府进行对抗。"尊王攘夷"观念本来是幕府巩固封建统治、推行"锁国"政策的理论根据，但倒幕派提出这个口号却具有新的意义，它

江户樱田门

反映了反对外国侵略、反对幕府投降政策的要求。在封建割据的条件下，这是唯一能够团结一切反幕势力的口号。

樱田门事件后，倒幕派在"尊王攘夷"口号的号召下，云集京都。他们策动天皇发布"诏书"、"敕命"，压迫幕府改革幕政和定期"攘夷"。他们中有的袭击外国人，制造事端，迫使幕府处于困境；有的进行恐怖暗杀活动，张揭帖，散传单，攻击和恐吓幕府；有的甚至公开打

历
史
回
眸

出倒幕旗号。1863 年，长州的倒幕派组织了武装，后来许多藩也相继仿效。倒幕派一时左右了政局。1863 年 8 月，幕府发动政变，一举把倒幕派赶出京都。次年 7 月，长州藩武士重整旗鼓，再度向京都进兵，又被幕府军击溃。1864 年，幕府发动内战，讨伐长州藩，掌握藩政权的保守派向幕府投降。倒幕派暂时处于不利境地。

在这样严峻的形势下，倒幕派决定改变斗争策略。1865 年初，长州藩倒幕派在高杉晋作领导下发动内战，夺取藩政权，建立了牢固的立足点。同时，他进行了军事改革，创建了一支以农民为主体、采用西式武器和战术的新式军队，准备用武力打倒幕府。另一西南强藩萨摩藩也转向武力倒幕。1866 年 1 月，长州藩和萨摩藩结成了倒幕同盟。四国舰队炮击下关后，西南各藩已放弃盲目排外的做法。英国也改变原先支持幕府的政策，转而支持倒幕同盟，并向倒幕军供应军火。形势日趋对幕府不利。为了打击倒幕势力，幕府不惜孤注一掷，于 1866 年发动第二次讨伐长州藩的战争。但由于萨摩藩拒绝出兵，其他大名也不热心，最终导致这次征长战争以幕府的失败告终。

高杉晋作

历史回眸

在萨、长两藩的影响下，全国的倒幕势力逐步联合起来，开始向京都集结。1867 年 10 月，倒幕派得到了以年幼的明治天皇名义颁发的讨

幕密诏。末代将军德川庆喜妄图垂死挣扎，他采取以退为进的策略，表面上表示辞去将军职位，将"大政""奉还"给天皇，实际上则企图保持其实权地位。大久保利通、木户孝允等倒幕派领袖识破了这个阴谋后，于1868年1月3日毅然发动宫廷政变，宣布"王政复古"，成立天皇制新政府，并罢免了德川庆喜的官职，没收了幕府的领地。

"王政复古"政变成功后，萨摩、长州强藩等倒幕势力宣布新组成的政府是日本唯一的合法政府。德川庆喜不甘心失败，首先挑起了内战。1868年1月底，新政府军5000人在京都附近的鸟羽、伏见战斗中大败幕府军1.5万人。政府军乘胜追击，进逼江户。5月初，德川庆喜被迫投降。至此，统治了日本260多年的德川幕府终于被打倒了。1869年春，新政府迁都东京，6月，消灭了盘踞在北海道的幕府残余势力。历时一年多的内战结束了。

在这个摧毁德川幕府的国内战争中，人民群众起了决定性作用。他们除直接参加政府军外，还在各地起义配合，或积极支持政府军。正是在人民的支持下，政府军才打败了数量3倍于自己的幕府军。

德川庆喜

历史回眸

其实，早在倒幕运动前，农民和城市贫民的起义此起彼伏，已经沉重地打击了日本封建制度，动摇了幕府的统治。倒幕派政变成功后，成立了新的中央政府，西乡隆盛等倒幕派领袖掌握了实权。翌年4月，将军德川庆喜被迫献城投降。7月，新政府宣布把江户改名为东京，并定为日本首都。9月，天皇改元"明治"。次年，迁都东京。

明治政府为了摆脱西方列强的威胁，维护民族独立，加速发展资本主义经济，在政治、经济、社会、文化教育等诸方面进行了史称"明治维新"的大规模社会改革，使日本整个社会制度发生了根本性的变化。

成功推翻德川幕府后，明治天皇迁都东京

1868年建立的明治政府为了推行"富国强兵"、"殖产兴业"、"文明开化"三大方针，非常重视抓教育，培养所需人才。政府于1869年接管了幕府的三所高等学校，即以儒学教育为中心的昌平坂学问所、以传授西学一般知识为主的开成所和传授西方医学的医学所，并分别将其

改为名昌平学校、开成学校、医学校。但在教学体制、人员结构上仍基本继承了幕府高等学校的原样，这是因为新政府认识到当务之急是培养精通外语和西方科学、了解外国情况、掌握西方医学技术的人才。

　　帝国大学时期（1886—1897年）。1868年至1885年，日本政府为发展经济，进行了各种实验和尝试。为了发展近代资本主义工业，政府重点投资扶植工部省。大藏卿松方正义大力整顿货币金融与财政机关，建立了中央银行；积极推行整理纸币、制定兑换银行券条例，建立日本银行等近代信用制度，采用通货收缩的所谓"松方财政政策"。这一政策，为迎接即将到来的产业革命、经济腾飞作好了准备。近代经济学家大川一司指出，"1885年，是松方正义推行通货收缩政策的最后一年。

伊藤博文

翌年，日本近代经济的发展才有真正的起飞。也可以说，从明治维新到1885年，是日本经济向近代经济转变的过渡时期"。但是，1881年松方正义实行的通货紧缩政策却把农民推向了穷困的深渊，导致农民暴动迭起。

历史回眸

在政治上，1874—1889 年的日本明治维新时期爆发了资产阶级民主主义运动——自由民权运动。该运动主要要求开设国会、减轻地税和修订条约。重要代表人物是板垣退助、后藤象二郎、大隈重信等人。伊藤博文、井上毅等人为镇压正在蓬勃发展的自由民权运动，驱逐了主张实行英美式自由主义政治的大隈重信，并着手制定普鲁士式宪法，建立普鲁士式君主立宪制国家。于是，1885 年确立了内阁制度；1887 年颁布享官考试规程；1889 年制定《大日本帝国宪法》；1890 年设立帝国议会。在政府的残酷镇压和分化瓦解下，自由民权运动最后以失败告终。自由民权运动在日本首次向国民推广了民权和革命思想，并促使法定地价和买卖地价完全分开。

明治政府意识到，要使日本的教育和变化中的政治、经济同步发展，必须尽快建立起新型的综合性大学，培养日本社会所需要的人才。正如东京大学教授伊崎晓夫所指出的，"明治政府为推行'富国强兵'政策，挤进世界资本主义发达国家行列，需要设立国立学校，用国家的力量来培养大批人才"。1886 年，明治政府颁布《帝国大学令》，对东京大学进行改组，改名东京帝国大学。由法、理、

井上馨

文、医、工、农6个分科大学和研究生院组成。《帝国大学令》的第一条规定是："帝国大学以适应国家需要、传授学术技艺并研究其奥秘为目的"。东京大学改名为帝国大学，标志着国家对教育的进一步控制和期望。这一时期，"帝国"二字非常流行，如"大日本帝国"，"帝国会议"，"帝国饭店"，《大日本帝国宪法》，《日本帝国统计年鉴》，等等。这些充分反映出日本正处于推行天皇制的绝对国家主义体制的社会背景下。另外，"帝国大学"这一称呼也正符合"鹿鸣馆"时代装潢门面的需要。外务卿井上馨曾谈到："化我国为欧洲帝国，化我人为欧洲国民。只有如此，我帝国方能与泰西各国跻于同等地位。"在他看来，只有日本欧化了，欧美列强才能对日本产生好感，才能赐给日本主权。日本政府为标榜欧化，讨好外国驻日官员，特意建造了一幢漂亮的欧式豪华俱乐部，专门招待欧美高级官员，经常举行有首相、大臣及其夫人、小姐参加的宴会、舞会，通宵达旦。此俱乐部被命名为"鹿鸣馆"。这一时期称为"鹿鸣馆时代"，这一时期的日本外交亦称为"鹿鸣馆外交"。在"欧化风"的影响下，日本的上流阶层吃西餐，穿西服，理分发，跳交际舞……欧化风潮，风靡一时。

帝国大学的英译为"Imperial * University * of * Japan"，强调了其独一无二的地位，这就"可以显示出日本也有同外国相媲美的名牌大学"。正如东京大学教师中山茂指出的："帝国大学对外发挥鹿鸣馆式的装饰性功能；对内充当适应近代化需要，引进西方先进知识的窗口。"如果说，从明治维新到东京大学的成立是日本高等教育处于摸索路子阶段的话，那么，帝国大学的出现，则应视为日本高等教育开始走向独自

发展道路的标志。

帝国大学名称的确立，在一定的程度上让人们看到了当时它所反映出的政府独裁理念。

东京帝国大学时期（1897—1947 年）。19 世纪以来，在发达的资本主义国家相互掠夺殖民地和拼命扩大势力范围的时候，日本作为一个后

中日甲午战争　　　　　　　　　　　日俄战争

起的 资本主义国家，正在迅速地发展资本主义经济，基本上完成了以轻工业为中心的产业革命。中日甲午战争和日俄战争的胜利，又使日本以战胜国的资格，跨入了帝国主义行列，从而大大提高了其国际地位。

随着日本资本主义经济的发展和对外无止境的扩张，国家对人才的需求也日益增大。中等教育的普及，又使要求受高等教育的人数倍增，大学入学考试的竞争也越来越激烈。帝国大学的招生人数，由 1894 年的 341 人，增加到 1897 年的 821 人。然而，这个速度仍然远远不能满足社会对人才的需求，更不能缓和日趋严重的高考竞争。1892 年，23 位国会议员在向国会提出的一个议案中指出，日本仅有一所东京国立大学，缺乏竞争，对办学和学生的培养都不利。他们建议在当时的京都再

历史回眸

建一所大学。1897 年，日本政府首先在京都设立了日本第二个帝国大学，定名为京都帝国大学。京都大学是继东京大学之后成立的日本第二所国立大学。初建时整个大学只有一个理工科分科大学，共有 6 个专业 21 个讲座，学生不到 500 人，木下广次为首任校长。

而经过一个多世纪的发展，现在的京都大学（原京都帝国

东北帝国大学

京都大学（原京都帝国大学）

大学）与东京大学（原东京帝国大学），已是分列日本东西的两颗灿烂的学术明珠。它们经过自身的努力，在世界上赢得了很高的声望。

京都帝国大学成立后，议会曾多次讨论审议有关增设帝国大学的议案。1899 年，贵族院讨论并通过了《关于增设高等学校及帝国大学方案》。1900 年通过了《关于增设高等学校

历
史
回
眸

和大学方案》，并要求政府拿出增设大学计划和预算方案。与此同时，众议院也有关议案进行了多次审议。经过反复讨论，最后通过了《关于设置九州帝国大学和东北帝国大学方案》。同一时期，贵族院也在讨论

名古屋帝国大学

审议以札幌农学校为基础，设立北海道帝国大学的请愿。于是帝国大学在日本各地相继成立。1907年，在仙台设立东北帝国大学；1910年，在福冈设立九州帝国大学；1918年，在札幌设立北海道帝国大学；1931年，在大阪设立大阪帝国大学；1939年，在名古屋设立名古屋帝国大学。这一时期设立的帝国大学主要由理、农、工、医等自然科学的分科大学组成，充分反映出当时社会对自然科学人才的需要。

1894年6月，政府颁布了《高等学校令》。《高等学校令》对帝国大学的迅速发展起到了推波助澜的作用。《高等学校令》规定：把原有的五所高等学校改为教授专门学科的高等学校，并规定可以设置为升入

帝国大学作准备的大学预科。大学预科分三部：第一部，以法科和文科志愿者为主；第二部，以工科、理科和农科志愿者为主；第三部，以医科志愿者为主。预科三部均根据为升入帝国大学而设置的课程进行预备教育。除原有的五所高等中学改为高等学校外，各地也相继设立了高等学校。1900年，冈山设立了第六高等学校；1901年，鹿儿岛设立了第七高等学校；1908年，名古屋设立了第八高等学校。至此，日本全国共设立了8所高等学校，而且几乎都设有大学预科。1901年4月，第一高等学校至第五高等学校的医科全部独立出来，分别改为千叶、仙台、冈山、金泽、长崎等医学专科学校。从此，高等学校愈益偏重预科教育。实际上，它们然已成为了帝国大学的预备学校。也就是说，要进帝国大学，首先得进这些预备学校，受预科教育。《高等学校令》在客观上起到了保证帝国大学生源的作用，并为学生开创出了通往帝国大学的唯一途径。

虽然后来各地帝国大学相继建立，但这丝毫未能改变东京帝国大学受到政府厚爱的传统。这时的东京帝国大学已发展成为日本经济、科学的发展培养一流人才的主要基地。其人数之多，质量之高，是任何一所帝国大学所不能与之相提并论的。

1907年，政府制定了《帝国大学特别会计法》，对东京帝国大学和京都帝国大学实行了教育资金定额制。该法规定这两所帝国大学从国立学校教育经费中独立出来，每年得到政府支出的固定资金。而其他国立学校则从每年的政府财政预算中得到经费（东京帝国大学教育经费不在预算中决定，而是用法律形式固定下来）。这样，东京帝国大学每年能

得到 130 万日元的固定资金，并可以把从大学医院、传染病研究所、大学教学实习森林等中得到的收入作为大学教育经费。这些收入，占其每年教育资金的 45%（仅以 1916 年为例），而且它有权自己安排使用。东北帝国大学，九州帝国大学等虽同样是帝国大学，但与"学科齐全"的东京帝国大学、京都帝国大学相比，它们"相差甚远，还称不上 University"，"因而不能享受特别会计法的规定"。

历 史 回 眸

九州帝国大学

京都帝国大学、东北帝国大学、九州帝国大学、北海道帝国大学等都是以 1886 年制定的《帝国大学令》为法律依据，以东京帝国大学为基本模式而建立的。这说明《帝国大学令》具有一定的法律上的稳定性。但这决不意味着根据《帝国大学令》建立起来的日本大学教育制度已经是尽善尽美。其实，从 20 世纪初，大学内外，政府上下，要求

改革大学教育体制的呼声就从未间断过。帝国大学经济学部的教授矢内原忠雄曾专门研究过帝国主义统治下的台湾和"满洲"以及殖民地政策。1937 年，在《中央公论》杂志上发表了以《国家的理论》为题目的论文，批评了日本政府"不许持有不同意见，只求全国一致"的做法。不过，论文被内务省认为"不妥"而被删掉，经济学部的部分右翼教授则要求把他驱逐出大学，内务省警保局局长安倍源基和文部大臣也对东京帝国大

矢内原忠雄

学总长施加了压力。就这样，当年 12 月 1 日，矢内原忠雄被迫提出辞职，离开学校。

麦克阿瑟将军

另外在 1938 年，对军国主义的抬头持有批评态度的经济学部教授河台荣治郎的四部著作又被当局认为是"攻击国家，动摇国民对国家的忠诚，否定天皇统治权，支持共产党"而被禁刊。大学总长平贺让决定，对河合荣治郎等两名教授予以免职处分。这一事件，日本历史上称之为"平贺肃清"。

"平贺肃清"后，文部省发出通知，规定军训为必修课。从此，日本的大学开始加紧了军事化、政治化的步伐，全面向着为战时体制服务的方向发展。

战后新制东京大学时期（1947年至今）。1945年，日本帝国主义在全世界反法西斯力量的打击下，全面崩溃。8月15日，日本天皇宣布接受《波茨坦公告》，无条件投降。8月30日，联军最高司令官麦克阿瑟乘C54飞机抵达日本的厚木机场。9月2日，日本国代表在联合国拟定的投降书上签字。同时，美国占领军司令部发布解除全日本武装和解散军队的命令。接着，美国占领军又连续发布了有关彻底摧毁日本战争体制的各种指令。

历史回眸

川端康成　　　　　　　　　大江健三郎

现在的东京大学成为世界上教育经费最高的国立大学，银杏树叶是它庄严肃穆个性的象征。它是日本第一所国立大学，为日本培养领袖级人物是它办学的一个方向。幽静雅致的校园里孕育出了诺贝尔文学奖的得主——川端康成和大江健三郎，历史悠久的赤门中走出了一个个政坛领袖和商业巨子。来自中国的冰心女士是在此执教的第一位女性教师，越来越多的中国学生希望在此寻找通往成功的道路，它是最能代表日本民族精神的著名大学。

历 史 回 眸

东京大学合并诞生

历史回眸

文部省成立后，便立即着手建立近代教育制度。1872 年，文部省颁布了《学制》。《学制》仿照法国的学区制，把全国分为 8 个大学区。

东京大学

每个大学区设一所大学，每一大学区又设 32 个中学区；各中学区设一所中学，每一中学区又分成 210 个小学区，全国共设立 53760 所小学。按《学制》规定，每 600 人设一所小学，每 13 万人设一所中学。《学制》的颁布标志着近代教育制度在日本的诞生。它基于"功利主义的、立身出世主义的学校目的论"和"实用主义学问观"，强调"教育上的四民平等"，要求做到"邑无不学之户，户无不学之人"，并且改变原来的免收束的一贯政策，实行教育经费由"受益者负担"的原则。

《学制》还规定，大学是"教授高深的各种学问的专门科的学校"，设置"理学、化学、医学、数理学等五个学科"。但是，南校与东校并未朝着这种综合性大学的方向发展，而是更倾向于专门学校。1873 年，文部省制定的《专门学校规程》中规定专门学校是由外国教师直接用外语教授语学、法律、医学、工学、农学、理学等"实技"、"实事"的学校。学生毕业后，再用日语向日本人进行各种专门教育。因此，当时的南校与东校实际上就是这种专门学校。

《学制》的种种规定在一些方面是对东京大学的进一步推进，它充分考虑了教育与时势相结合的现实需要和意义，在整体上对日本教育都产生了深远的影响。

《学制》制定后，东校和南校进行了多次更名。东校改名为"第一大学区医学校"，南校改名为"第一大学区第一官立中学"。不久，"第一官立中学"又恢复为"开成学校"，1874 年又改为"东京开成学校"。"第一大学区医学校"改为"东京医学校"。这一时期，两所学校的专门教育得到了进一步加强和充实。尤其是医学校，当看到德国医学

历 史 回 眸

比荷兰医学更为先进时，便会马上聘请德国医师进行医学教育，以追踪世界医学的先进水平，保证教学高质量。留学德国也成了日本医学界的一股风气。这样一来，医学校的教育及医学研究水平在全国众多专门学校中的排名一跃成为第一，成为全国医学教育和科学研究的中心。而开成学校则在此方面却榜上无名，专门教育水平也不如医学校。

尽管如此，由于南校重视作为进行西学教育基础的外语教育（主要是英语），并聘请外国教师用外语传授西学的一般知识，而这种教学内容和教学方式又恰好符合明治政府全面"欧化"（又称"西洋化"）政策的口味，因此，南校更受到政府的青睐，逐渐发展成为后来东京大学的主体。然而，南校发展成东京大学的主体的过程并非一帆风顺，而是走过了一段充满了艰难与曲折的坎坷之路。

历 史 回 眸

1870 年，政府实行贡进生制度。各藩根据藩的规模，选送人才进南校。当年被推荐入学的贡进生有 300 余人。这样，南校在校学生总数达到了 600 余人。在这些贡进生中，有部分是"德才兼备"的优秀人才，也有一些是靠关系挤进来的不学无术之徒。这些不学无术之徒的种种恶劣表现，在学生中产生了极坏影响，甚至严重地破坏了正常的教学秩序。这时，古市公威（后为工科大学校长）、小村寿太郎（后为外务大臣）等 5 位

小村寿太郎

学生对此现象极为不满，于是秘密向学校提出建议，要求清除不务正业的学生，以正校风。这种要求清除同班同学的建议，自然是要担一定风险的，以致于后来人们称他们的行动是一种"富于勇气的行动"。幸运的是学最后校排除各种阻力，采纳了他们的建议。翌年，经过筛选，学校果断地开除了 300 名不符合要求的学生，并重新组织了教学秩序。南校经过整顿后，面貌大有改观。可以说，这一整顿是日本从封建温情主义向近代国家能力主义转变过程中的一个重要事件，它为东京大学的成立奠定了基础。

1877 年 4 月 12 日，文部省通知："将文部省所辖东京开成学校、东京医学校合并，改称为东京大学"。从此，日本第一所综合大学诞生了。同时，文部省大辅田中不二麻吕发出通知："东京大学设四个学部"，把东京开成学校组建为东京大学的理学部、法学部、文学部；把东京医学校组建为东京大学的医学部。同时，文都省任命加藤弘之为理、法、文学部总理，池田谦斋为医学部总理，并授权这两位总理全面掌握大学事务。

加藤弘之

东京大学的成立，标志着日本的教育开始进入了一个新的时代。明治政府创办东京大学的目的十分明确，就是通过大学教育培养国家领导人和各阶层中坚力量，使日本尽快地成为能同西方列强相抗衡的强国。

而东京大学作为教育与科研的中心，本身也具有浓厚的欧化主义色彩。一方面，她继续采用招聘国外教师来授课的方针，另一方面，又派遣许多留学生去欧美留学，吸收欧美的最新科学技术。文部省为了重点办好东京大学，将全部教育经费的 40% 都拨给了东京大学，体现了政府对东京大学的无比重视和殷切期望。

历 史 回 眸

明治维新时的日本教育

教育发展应适当"超前"于经济发展，因为前者才是后者发展的基石。日本学者桑原武夫曾精辟地指出：明治维新的本质是文化革命、是教育革命，明治维新时的读写能力，男人约 43%，这应归功于江户时代的初等教育——"寺子屋"教育。国民经济的健康发展发端于国民素质的健康——接受过完整基础教育的国民。基础教育犹如星星之火，可以燎原。

日本的近代教育，是早在 19 世纪 70 年代初"明治维新"时就奠立了的。当时日本立法实行全民教育，要求消除文盲，现在的日本的老年人中很少有文盲原因即在此。在免费开放的社区公共图书馆，那里的老年人像定时上班一样，天天都会去图书馆津津有味地看书，而在中国退休的一般人群中则很难看到这样的现象，到处是一片打麻将的声音。

日本现在的高等教育，由 99 所国立大学、76 所公立大学和 526 所私立大学形成三足鼎立之势。国立大学和公立大学的区别是，前者的经费来自中央财政，而后者是依赖地方财政。大学根据经费和师资不同，形成了一个高等教育的巍峨宝塔，而在一般人眼中，东京大学无疑是这

座宝塔中当之无愧的塔尖。

在日本，大学教师的收入属于中上水平，一般大学教授的月薪在50多万日元，但日本每年另有高达五个月的奖金，所以工薪加上奖金，大学教授的年收入可达上千万日元，大概相当于70多万元人民币，副教授的年收入也可以达到40～50万元人民币。

东京大学创建于1877年，曾是日本所有的"帝国大学"之首。所谓"帝国大学"，是根据明治维新时期的"帝国大学令"，模仿欧洲大学组建的融学术和教学为一体的理、工、文、医综合大学。到20世纪初期，日本共有东京、京都、东北、九州和北海道五所帝国大学，当时汉城的京城帝国大学被算为第六所帝国大学，台北帝国大学则是第七所。建立帝国大学的宗旨是为明治维新的文明开化、殖产兴业和富国强兵改革服务，"育就国家需要之才"。所以"帝国大学令"的第一条就是："以攻研国家进展所必要之学理及有关应用之蕴奥为目的，以陶冶学徒之人格，涵养国家思想为使命。"

帝国大学有两项制度成为后来日本大学的制度遗产：一是讲座制，即讲授学术性强的专业课程，而不是一般的传授知识，这使得时至今日，"大学的目的是学术研究而不是教育"仍是日本一流大学的标杆，在教授中也普遍存在"研究至上主义"；二是教授会制，它使大学成为相对自治的学术领地，为了学术的自由，教授像法官和公务员一样，也享受终生任职和大锅饭。

不仅仅是近现代，日本历史上也有重视教育的传统，比如在日本有一个很流行的"大米表"的故事。"表"是日本古代的粮食重量单位，一表粮食约60公斤。故事说古时日本东北地区有一个非常贫穷的小诸侯国，国民常常要受饥饿的折磨。有一次，皇帝赐给他们100表大米，番王便召集大家一起商量怎样分配大米。但大家的一致意见是，不要分

了，把大米换成钱资助孩子们读书，因为这些大米都吃了就是 100 表，但是用于助学却可以将其变成 100 万表。如此可见，日本重视教育的传统由来已久。

19 世纪中期是资本主义自由竞争，并迅速发展的时期。英国在占领锡兰后，于 1819 年、1824 年，相继把新加坡、马来西亚变成其殖民地。1824—1826 年和 1852—1853 年，又两次对缅甸发动侵略战争。1858 年，印度完全成为大英帝国的一部分。1840 年的鸦片战争敲开了中国的大门。总之，亚洲各国普遍面临着严重的民族危机，地处东亚边陲的日本自然也不能避免。

开始，面对西方的虎视眈眈，日本仍然顽强地固守其锁国政策。幕府极力封锁西方在鸦片战争中打败中国的消息，采取鸵鸟政策和不承认主义。可是，这并不能阻止西方人的到来。

毕德尔舰队停泊在浦贺

1844 年 7 月，荷兰军舰光临长崎，要求日本对外开放。

1846 年，美国东印度舰队司令毕德尔率舰队抵达浦贺，要求互通

历 史 回 眸

贸易。被拒。

1853年7月，美国东印度舰队司令马修·培里率领4艘军舰到达日本，以武力威胁日本开放港口。舰队司令佩里将军将美国总统的一封信递交给幕府后，声言明年会带更多的兵力再来。一时朝野上下一片惊慌。幕府一面报告天皇，一面征求各藩大名，甚至普通武士、百姓的意见。由于国力不足以抗衡强权，幕府只好同意和美国进行有限的贸易。1854年1月，佩里率7艘军舰再次来到日本，停泊于神奈川附近。幕府遂与美国订立《神奈川条约》，条约规定开放下田、箱馆等港口，并圈定外国人居留地，以及片面的最惠国待遇。此后，英、俄、荷等国都与日本签订了类似的条约，锁国政策至此崩溃。不平等条约对日本的危害表现在：

（1）片面的、无条件的最惠国待遇。

历史回眸

井伊直弼

（2）领事裁判权，即外国人在日本犯罪时，由该国驻日领事惩处。日本方面无权过问。这也是尤其令日本人感到耻辱的。

（3）关税不能自主，也使日本在国际贸易中蒙受巨大损失。

（4）列强强行设立租界，成为"国中之国"，实际上剥夺了日本的国家主权。

1858年，在幕府大老井伊直弼的自作主张下，日本又相继与美、英、法、俄、荷等国签订了所谓的《友好通商条约》：开放港口，信教

自由，外国人居住自由、免税、享有治外法权、领事裁判权等等。这项
条约的签订遭到国内对幕府的一片反对，而且，外交折冲的矛盾又和将
军继位的分歧交织在一起，形成复杂的政治纷争。

德川幕府第 12 代将军德川家庆死后，他的儿子，13 代将军德川家
定体弱多病，而且精神也不正常，并不是理想的继位人选。一些经过改
革藩政的强势藩主想要推举德川庆喜为将军继承人——"一桥派"；而
另一些企图维护幕府权威和门阀统治的实权派则想拥立挑大梁统较近的
德川庆福。结果，实权派的井伊直弼压倒了"一桥派"，德川庆福成为
第 14 代将军，改称德川家茂。

幕府未得到天皇敕令就和外国签
订条约的行为，惹恼了孝明天皇，导
致了朝廷和幕府的对立。井伊直弼认
为这是"一桥派"的背后捣鬼。于是
1859 年，井伊直弼对"一桥派"兴起
"安政大狱"，逮捕了许多公卿、大
名、家臣和民间志士，并加以严刑拷
打。"安政大狱"使当时的政治形势
发生了极大的转变，尊王论和攘夷论
结合起来，形成了以后以幕府为目标
的"尊王攘夷运动"。

此后，井伊直弼又进一步镇压
"一桥派"的藩主，迫使他们退出政

孝明天皇

历
史
回
眸

治舞台。这使得以藩主为中心的集权体制崩溃，把下级武士推到了台
前。1860 年 3 月，井伊直弼被水户藩志士刺杀，即所谓的"樱田门之
变"。从此幕府的权威一落千丈，倒幕派与幕府之间的斗争由政治对抗

转入武装冲突。

　　幕府向美国的让步，表现出其务实的政治态度。但是封建藩主和武士、家臣们却未必同意，他们认为这是屈辱投降。于是，日本人的爱国主义从攘夷开始，最终导致了尊王攘夷运动。

　　实际上，在江户幕府的初期就有"尊王"的理论。一些学者根据儒家的学说，提出"尊王敬幕"。"安政大狱"使旧尊王论转变为希望实现以天皇为中心的统一国家的新尊王论。在朝廷和幕府发生激烈对立之前，尊王论者并不主张反幕。可是，幕府不顾天皇反对，擅自与外国签订条约，一些长期不满幕府专权的大名和武士便利用此机会，以"尊王"为口号，企图参与幕政。后来当幕府政治陷入危机，而且出现了西方侵略的时候，尊王论和排外论便结合起来，形成了"尊王攘夷"的思潮。同时多数下层武士经济处境的恶化，使得他们把对幕府的不满转化为了激烈的"尊王攘夷"行动。

　　武士阶级是日本封建社会所独有的特色，江户时代的武士不单纯是战士和军官，而且兼有行政官员和知识分子的性质。日本的封建制度是以门阀、世袭制为基础的，幕藩体制就是其严格的形态。下层武士对幕藩体制早已心怀不满，他们希望打破门阀、世袭的藩篱，跻身权力的中心。特别是在幕府末期的幕政改革中，下级武士开始进入藩国的统治机构，这种倾向就变得更加强烈起来。下级武士虽然"下级"，但毕竟是"武士"，也是统治阶级的一员，所以他们又有维持封建统治的一面。简而言之，对旧有体制的维护和重建的改良主义成为下级武士的基本诉求，"尊王攘夷"也就成了他们必然的选择。

　　在这种形势下，孝明天皇终于走出了历代天皇无所作为的阴影，重返政治舞台的中心，日本的教育也受到重视并逐渐发展起来。

美誉深蕴

"首相学府"指点江山

　　有这样一句话："在日本，无论你出身多么贫寒，地位多么低贱，只要你考入那座赤门，就能保证你有一个丰富的人生。"这个"赤门"指的就是东京大学。人们还说，东大是"官僚的温床"，"总理首相人才的发生地"，"东大培养出来的人掌握着日本政治经济命脉"。这些说法从字面上看好像夸张了些，但事实的确如此。明治时期，东京大学共培养了10000多名毕业生，其中四分之一进入官厅担任要职；日本首相总理大臣中从1921年到1945年就有三分之一出自东大，而从战后至今除了少数几位外，其余均被东大人包揽；在日本参众国会议员中，东京大学出身者竟占去了三分之一的比例；股票公开上市的公司的总经理中，东大出身者又占去了四分之一的比例。可以说，东京大学的人统治了日本的政治势力和经济势力。

　　东京大学是日本创办的第一所国立大学，也是亚洲创办最早的大学之一，被公认为日本最高学府，是亚洲一所世界性的著名大学。1986年，亚洲一些大学校长和行政管理人员投票评选10所世界著名大学，东京大学作为亚洲唯一大学代表入选，这充分证明了东大的办学水平和

美誉深蕴

学术水平。

东京大学，这所日本第一所高等学府自 1877 年创建至今，已向日本社会输送了大批的优秀人才。这些东京大学毕业生对明治以来的日本政治、经济、科技、文化、教育的发展产生了极其重大的影响，正如原东京大学总长大河内一男指出的："东京大学在战前、战后为日本培养了一大批精英，日本的政治、经济、文化、学术的发展与东京大学毕业生有着密不可分的关系。"

美誉深蕴

纵观日本近代史，不难发现，东京大学的毕业生在政界的影响尤为突出。有时，东京大学同一届毕业生中会涌现出不少杰出人物，这一现象被称为"丰收之年"。比如，1895 年是"帝大法科大学的丰收之年"。在当年的应届毕业生中，有后来担任东京大学总长的小野塚喜平次，历任两届总理大臣的滨口雄幸，任总理大臣的

币原喜重郎

币原喜重郎。又如，1896 年是"帝大文科大学的丰收之年"。当年毕业的有在校期间发表过历史小说《潼口入道》而获得"读卖新闻"奖的著名评论家高山樗牛，被视为日本经济史学先驱的京都大学教授内田银藏，著名历史学家、京都大学教授原胜郎和日本著名历史学家幸田

成友。

几所帝国大学中，除了北海道帝国大学外，其他帝国大学的总长、学部长均由东京大学毕业生担任。不仅如此，在政府机关担任重要职务的也不乏东京大学毕业生。战前日本政府25名总理大臣中，就有7名东京大学毕业生：内田康哉、加藤高明、若槻礼次郎、滨口雄幸、广田弘毅、平沼骐一郎、币原喜重郎等。如果反合并于东京大学法学部的原司法省法律学校毕业的原敬也算在内的话，共有8

广田弘毅

人先后担过任总理大臣职务。19世纪末期，政府的大藏次官、外务次官，全被东京大学毕业生包揽。以1921年为例，司法、行政的主要官员全部由东京大学法科毕业生担任。不仅在政府是这样，在地方也是如此，以1925年为例，除了京都、石川、山口等三个县外，其他所有县的知事（县长）全是东京大学毕业生。

战后，日本政界、法律界等主要部门，仍被东京大学毕业生独揽，而且这种现象有越来越明显的趋势。战后日本政府的总理大臣中，有10人是东京大学毕业生：币原喜重郎、吉田茂、片山哲、芦田均、鸠山一郎、岸信介、佐藤荣作、福田赳夫、中曾根康弘和宫泽喜一。东京大学毕业生在国会议员中，所占的比重也居各名牌大学之首。以1979

美誉深蕴

年为例，被当选的 511 名众议院议员中，东京大学 97 名，早稻田大学 56 名，庆应大学 31 名，中央大学 30 名，京都大学 20 名。东京大学毕业生，约占到了总数的 20%；在参议院被当选的 248 名议员中，东京大学毕业生有 47 名，也占 20%。这样，整个国会议员的五分之一都被东京大学毕业生占据了。

而在各党派国会议员中，东京大学毕业生比率最高的就要数自民党和共产党了。共产党首脑人物冈正芳、

鸠山一郎

工藤晃、上田耕一郎、松本善明等都是东京大学毕业生。

福田赳夫

东京大学毕业生在就业上的优势并非仅仅因为他们成绩优异，还因为中央官厅或第一流企业特别重视"东京大学"这个牌子。在日本，要当国家高级公务员，必须参加两次严格的聘用考试。第一次考试是在每年的 9 月进行，第二次考试是在每年的 10 月进行。但是，对事先已被中央官厅或为一流企业物色好了的东京大学毕业生来说，这两次考试只不过是形式罢

了。在中央官厅集中的东京霞关一带，往往第二次考试成绩尚未发表，就能看到穿着西装、系着领带的东京大学毕业生进进出出了。熟知内情的人士都知道，这些学生都是早已被看中了的幸运儿。

这种官厅或一流企业为了争夺一流人才，在考试前，甚至大学毕业前就开始物色人选，进行"内定"的做法即所谓的"青田收割"。大藏省主计局法规课长角谷正彦就是被"青田收割"抢进大藏省的一个典型例子。角谷正彦曾在东京大学法学部教授宫泽俊义的宪法讲座里学习过，成绩一直出类拔萃。宫泽教授曾对角谷正彦说："我一定把这个宪法讲座让给你，希望你留校。"大藏省官员得知这一消息后，立刻找到角谷正彦，千方百计进行说服动员工作，要他毕业后，到大藏省工作。角谷正彦就是这样步入官厅的。

当然，正如大河内一男曾指出的："领导日本与使日本幸福并非一码事"，"东京大学毕业生中，也有不少把日本引向毁灭性悲剧的人"。如战后被起诉为日本A级战犯的10名文官中，就有8人是东京大学毕业生。这就好比一条奔腾的大河，平时它能给人们提供丰富的水利资源，然而一遇暴雨，也会带来灾难。

东大人活跃在日本社会的各个领域，如在野党中有共产党的宫本显治、不破哲三、上田耕一郎，社会党的在田知己，

不破哲三

新民连的田英夫、江田五月等在社会 活动家中有曾担任过中日友好协会副会长的向隆坊，"鲁迅通"竹 内好等。下面我们就来为大家介绍几位著名的政治活动家。

（1）吉男茂。

吉田茂

美誉深蕴

日本第五、六、七、八任首相吉田茂（1878—1967 年），是日本外交家和政治家。他 1878 年出生于东京都一个武士家庭。1906 年毕业于东京帝国大学法院政治系，从此开始外交官生涯。曾任日本驻中国安东、济南领事，驻沈阳总领事等职。1927 年任驻沈阳总领事时，参加首相田中义一召开的东方会议，参与拟订侵华政策。1928 年任外务省次官时，协助田中借口"保护日侨"，两次派兵侵袭山东、河北。二次大战结束后，任第一、第二届内阁外相。1946 年 5 月至 1954 年 12 月，曾先后 5 次组阁任首相，前后执政达 7 年多。

吉田茂在任职期间及卸职后，基本上对新中国采取敌视态度。他对中国共产党抱着既恨又无奈的心情，他曾说过："在日本对国际社会所负的责任之中，最困难的恐怕还在与中共的关系。中国古来是一个奇妙的国家，在东洋虽系最优秀的民族，但向来不能顺应世界大势，只知孤立地发挥孤芳自赏的中华主义，而走上了孤立的道路。但中国决不致长

久如此，日本应该不以它为眼中敌人，而应循循予以善导。"

（2）岸信介。

既然说到了吉田茂，另外一个人我们也不得不提，他就是以一个甲级战犯的身份登上了日本相宝座的日本第十三、十四任首相岸信介。岸信介曾就读于东京帝国大学法学系，在同级生中属佼佼者。1920 年，他面临毕业，本来凭其优异成绩他可以选择去当时人人向往的大藏省或内务省工作，而他却出人意料地决意进农商务省。从此，便开始混迹官场和政界。1936 至 1939 年先后任伪满洲国实业部总务厅次长、产业部次长、商工部次长，是主宰伪满洲国经济命脉的重

岸信介

要人物。1939 年回国后任阿部信行内阁、米内光政内阁、近卫文内阁的商工省政务次官。1941 年起任东条英机内阁的商工省大臣、国务大臣兼军需省政务次官。1942 年在法西斯团体"大政翼赞会"的支持下，当选为众议员。岸信介因在日本军国主义侵华战争中作恶多端，在日本投降后被定为甲级战犯，关进巢鸭监狱坐牢三年。出狱后，又伙同右翼政客组建"箕山社"。1952 年，恢复公职后又建立了"日本重建联盟"，自任会长。他提出的政策纲领强调排除共产主义，加强日美经济合作，修改宪法，健全作为独立国家的体制。

美誉深蕴

岸信介 1955 年任自由民主党干事长，1957 年终于登上了日本权力的顶峰，出任内阁总理大臣。岸信介上台后，极力扶植右翼势力，怂恿右翼分子的活动，使得一批右翼团体应运而生。可以说，岸信介一生都在反共反华，下台后仍为日本军国主义侵略行为歌功颂德，在日本静冈县富士陵园建立"满洲建国之碑"，欲为伪满招魂。

（3）佐藤荣作。

曾因 1967 年首次宣布日本坚持"无核三原则"而获诺贝尔和平奖的日本第十八、十九、二十任首相佐藤荣作，其实强烈信仰核武器，并且主张日本应实行核武装。

佐藤荣作

佐藤荣作（1901—1975 年），日本前首相岸信介的胞弟。1924 年东京帝国大学法律系毕业后，长期在铁道省任职。1946 年任铁道总局长官。次年升任运输省次官。1948 年加入自由党，任内阁官房长官。1949 年起连续 11 次当选众议院议员。多次担任自由党和自由民主党要职，历任邮政大臣兼电气通信大臣、建设大臣、北海道开发厅长官、大藏大臣、通商产业大臣、科学技术厅长官、原子能委员会委员长等职。曾 3 次组 阁，4 次当选自民党总裁，执政 7 年 8 个月。

1964 年 11 月，上台的佐藤荣作不仅不扶植正值良好发展的 日中关系，反而极力推行"两个中国"的政策，对中国奉行政治上敌视、经济

上捞取实惠，反华但不断绝经贸往来的方针。在他长达7年之久的执政时期内在中国问题上没有任何作为和突破，在1971年联合国以压倒多数通过决议恢复中国合法席位，赶走台湾蒋介石集团时，他甚至还阻挠中国进入联合国，遭到了中国和国际舆论的抨击。佐藤从上台开始就一直追随，美国，敌视中国，但当美国人悄悄地做着改善同中国关系的事情时，佐藤却完全被蒙在鼓里。72岁的佐藤荣作终究不能阻挡历史潮流，只得于1972年6月17日宣布辞职。

上述几位东京大学毕业的日本首相都在不同程度上敌视中国，而中曾根康弘却和他们不同，他曾3次访华，对中国怀有友好感情，为中日恢复邦交正常化作出了重要贡献。

（4）中曾根康弘。

中曾根康弘曾任日本第二十八、二十九、三十任首相。1941年东京帝国大学法学院毕业，同年高等文官考试合格，入内务省工作。后应征入伍，

中曾根康弘

任海军主计（军需）少校，参加太平洋战争。战后，任香川县警务科长和警察厅监察官。1949年1月任民主党政务调查会副会长。1952年参加改进党，任政策委员会副委员长等职务。1954年以国会议员身份参加在斯德哥尔摩召开的世界和平大会，会后访问中国，同年参加组织

民主党，任组织局长。1955 年任民主党副干事长，同年 11 月自由党和民主党合并后，任自由民主党副干事长。1957 年随首相岸信介赴东南亚、中近东和中国台湾省等地活动。1959 年出任岸信介内阁的科学技术厅长官，这是他首次进入内阁，时年 41 岁，是内阁里最年轻的大臣。此后他还出任运输大臣、防卫厅长官、自民党总务会长、内阁行政管理厅长官等职。1978 年中曾根竞选总裁未果，1980 年又一次失去了当选的机会。

1982 年，在自民党众多派系角逐中，中曾根康弘终于登上首相宝座。他连任两届首相后，于 1987 年卸职。中曾根把发展日中友好关系和经济合作看作是日本外交上的一大支柱和亚洲稳定的关键。早在 50 年代中期，他就曾访问过中国。t992 年 9 月 25 日，他第五次访问中国并参加中日邦交正常化 20 周年纪念活动。2001 年 2 月底到中国参加了博鳌亚洲论坛，曾任博鳌亚洲论坛主席。

（5）宫泽喜一。

宫泽喜一是日本第 34 任首相。宫泽喜一 1919 年 10 月 8 日出生在东京一名门之家，其父宫泽裕曾先后供职于内务省和山下船舶株式会社，后当选众

宫泽喜一

议院议员，其母好登乃二战前首任驻中国大使小平四郎之姐。1941 年，当 22 岁的宫泽喜一作为东京帝国大学法学部的高材生拿到了烫金的毕业证书时，他父亲宫泽裕的好朋友池田勇人问及他的去向，做任何事都立志出类拔萃的宫泽毫不犹豫地答道：在官厅，最高职务是事务次官；在政界，最高职位是首相。

应该说，踌躇满志的宫泽在从政之路上还算较为顺利。1970—1971 年宫泽喜一任通产相，1974—1976 年任外相，1977—1978 年任国务大臣，1980—1982 年任官房长官，1984—1986 年任自由民主党总务会长，1986—1988 年任大藏大臣，1987—1988 年任日本副首相，1991—1993 年任首相。1991 年 11 月 5 日，宫泽就任日本第 49 位、第 78 任首相。然而，永田町很快从宫泽手中收回了首相宝钥。1993 年 6 月，在野党联手发难，通过对宫泽内阁的不信任案，宫泽只好交出相印。

（6）加藤统一。

前自民党干事长、自民党加藤派会长加藤弘一是众议院议员。他从东京大学法学部毕业后即进入外务省，活跃于日本的外交舞台。他曾留学美国哈佛，同时在台北和香港常驻过，中英文都很熟练。他还在步

日本前首相宫泽喜一

美誉深蕴

入政界之后为与聋哑人交流而学会了手语。加藤原本 是日本政界的实力人物,不仅在政府和自民党内都担任过要职,他还 是自民党加藤派的核心人物,与山崎拓和小泉纯一郎并称为 YKK,属于日本新一代的政治之星。他 45 岁进入内阁出任防卫厅长 官,并且罕见地连任两届。政界的磨炼,使加藤成为了"政策通"。然而 2000 年秋的一场"加藤政局"过后,加藤开始在党内失势,加 藤派也于是分裂,1972 年,加藤首次当选众议员,历任内阁官房长官、防 卫厅长官、自民党干事长、政调会长、总务局长等职。

(7)龟井静香。

龟井静香曾担任过国会农林水产委员长、自民党全国组织委员长、宣传本部部长、政调会长、运输省政务次官、运输大臣、建设大臣等职的龟井静香,1936 年 11 月 1 日出生于广岛县庄原市的一户农家,经过苦读考取东京大学经济学部。毕业后进人一家大公司,但两年后进入警察厅,一干

加藤弘一

就是 5 年。离开警察厅后,他又转入政界,并于两年后的 1979 年首次当选众议员议员。在日本,江藤/龟井派是自民党内一个很有分量的派系,而其中所说的的龟井指的就是龟井静香。他从森喜朗派脱离出来后,与中曾根派的隔代传人江藤隆美携起手来,靠"人数的法则"影响着日本政局。

美誉深蕴

（8）川口顺子。

2002 年 2 月 1 日，日本首相小泉纯一郎任命原环境大臣川口顺子接替田中真纪子为日本新外相。川口顺子 1941 年出生于东京，1965 年毕业于东京大学国际关系系，后留美并获耶鲁大学经济学硕士学位。结束学业后，她考入通商产业省，从普通职员到科长，一直升到通产省经济合作部长，被誉为"拥有敏锐国际触角"的政府官员。1990 年川口出任驻美公使。1992 年，川口成为日本战后职位

龟井静香

最高的女性官僚——通产省大臣官房审议官（司长），负责地球环境问题。次年，52 岁的川口离开了通产省，投身企业，出任三得利酿酒公司的常务董事。2000 年，担任过通产大臣的森喜朗成为日本首相，川口顺子被挑选担任环境厅长官。2001 年小泉上台时，川口因其无党派身份和出色政绩留任环

小泉纯一郎

美誉深蕴

境大臣。

（9）大木浩。

川口顺子

由于川口顺子接替田中真纪子担任新的外相，川口顺子原来担任的环境相一职便由大木浩来担任。大木浩，1927年6月30日出生于名古屋市，东京大学法学部毕业。大木浩原是一名外交官，曾先后担任过驻美大使馆一秘、日本驻日内瓦代表部参赞、报道课长、官房总务参事官、官房审议官以及日本驻火奴鲁鲁总领事等职务。田中角荣担任首相期间，他在外务省担任报道课长，深得田中赏识，由此步入政界。1980年，他首次当选参议员，后又当选众议员。

（10）速水优。

日本银行行长速水优毕业于东京大学商学院。1947年，速水优到日本央行工作。1958年11月，他出任日本央行驻欧洲的代表。四年后，他加入了日本央行外汇部。后来，在日本央行，速水优曾经担任过商务部，外汇管理部和对外合作部等几个部门的部长，对日本央行的各种职能了如指掌。1984年，速水优开始了他的第一个日本央行行长的

任期，在他的任内，他主导了世界金融史上绝无仅有的零利率政策。

（11）阿南惟茂。

速水优

2001 年出任日本驻华大使的阿南惟茂 1941 年出生，1966 年毕业于东京大学法学系，1967 年进入外务省，1983 年任日本驻华大使馆参赞。1986 年，先后任外务省情报调查局企画课长，外务省亚洲局中国课长，外务省大臣官房会计课长。1992 年为日本驻亚特兰大总领事馆总领事，1994 年任日本驻华使馆公使，1997 年任外务省亚洲局长，2000 年为内阁官房内阁外政审议室长。2001 年他被日本政府任命为驻中华人民共和国特命全权大使，2001 年 3 月上任。在日本驻华大使的官方网站上，阿南惟茂大使发表过这样的致词：

大家好！我是 3 月份刚到任的阿南。从 1983 年起这已经是我第三次到中国工作。这大约 20 年里中国发生了令人吃惊的变化。我认为在改革开放政策下，中国广大国民的不懈努力结

阿南惟茂

美誉深蕴

出了丰硕的果实。

毋庸置疑，日中间的和平友好关系对于亚洲乃至世界的和平与发展都是不可欠缺的重要因素。为了发展这一和平友好关系，我们有必要不断作出努力。

但是日本和中国要建立真正意义上的和平友好关系，就必须直面两国间的各种问题。这也意味着加深日中两国人民之间的相互理解将是非常重要的。

在这个意义上，大使馆将积极地通过这个主页提供更多信息。

与前任谷野作太郎大使一样，我也决心为了日中关系的进一步发展竭尽绵薄之力。请大家多多关照。

（12）加藤良三。

耶鲁大学校园一景

美誉深蕴

　　小泉纯一郎政府的驻美大使是加藤良三。加藤良三毕业于东京大学和耶鲁大学法学院，被公认为是美国事务的专家，拥有 36 年外务工作的经验。他曾被派驻美国，担任过许多重要的职务，其中包括 1994 年至 1995 年担任日本驻旧金山总领事。

　　在小泉纯一郎政府中，东京大学毕业的人士还有：总务大臣片山虎之助，他担任过大藏政务次官、党参院国会对策委员长、总务大臣。法务大臣森山真弓，1989 年成为日本首名入阁女性，出任内阁官房长，任内曾立志争取打破女性不可踏足相扑会场的男性主义规条，因为历来的国家相扑杯赛事都是由内阁官房长颁奖的。结果争取失败，先后担任过环境厅长官、官房长官、文部大臣；文部科学大臣远山敦子，官僚出身，在政界甚少人识，但却是首位在文部省架构中爬得最高的女性，官至文化部部长。除其强项教育外，她还曾于 1996 年任日本驻土耳其大使，其后任东京国家西洋艺术馆馆长。国家公安委员会委员长村井仁，担任过金融再生总括政务次官、内阁府副大臣。金融再生委员会委员长柳泽伯夫，担任过外务政务次官、国土厅长官、金融大臣。

　　有人曾把东京大学和京都大学放在一起进行比较，发现东京大学毕业生在政财两界中占绝对优势。例如，中曾根内阁的 21 名大臣中，东京大学毕业生就占了 6 人，而京都大学却是零。几所帝国大学除了北海道帝国大学外，其他帝国大学的总长、学部长均由东京大学毕业生担任。东京大学毕业或在东京大学工作的精英数不胜数。他们在促进日本社会乃至世界的发展方面起了极其重要的作用。

　　所以，人们说东京大学是"官僚的温床"，"总理首相人才的发生地"。

"经济界大户"财源滚滚

东京大学毕业生，不仅在政界占有强大优势，而且在经济界也是"大户"。

日本全国约有 1700 个大企业，而这些大企业的董事长中有四分之一为东京大学毕业生。日本经营者团体联盟、经济团体联合会、日本商工会议所、经济同友会这四大团体被称为"日本产业、经济界的最高司令部"。而这四大团体的最高领导人均由东京大学毕业生担任。

在日本证券交易额居前 12 名的公司中，有 7 个公司的董事长是东京大学毕业生。松下电器、日立造船公司、富士胶片公司、丰田汽车公司、三菱重工业公司等公司的总裁也都是东京大学的毕业生。据统计，1977 年，日本企业利润前 20 位的公司中，主要领导人不是东京大学毕业生的只有两家，其余 18 家均由东京大学毕业生担任领导职务。这 18 家企业和东大毕业生分别为：

丰田汽车公司社长丰田英二，东京电力公司社长平岩外四，阿拉伯石油公司社长大慈弥嘉久，松下电器公司会长松下正治，关西电力公司

美誉深蕴

社长小林庄一郎，日立制作所社长吉山博吉，富士银行会长佐佐木邦彦，三菱银行会长中村俊男，日本兴业银行会长正宗猪早夫，三和银行会长官道大五，第一劝业银行会长西川正次郎，日本长期信用银行会长杉浦敏介，三菱商事公司会长藤野忠次郎，东亚燃料工业公司社长松山彬，日兴证券公司会长渡边省吾，日本生命公司社长弘世现，日产汽车公司副会长岩越忠恕，野村证券公司副会长村田宗忠。从这里，我们不难看出东京大学毕业生在日本经济界所占据的地位。

丰田喜一郎（1894—1952年）是日本丰田汽车公司的创始人，是"发明王"丰田佐吉的长子。毕业于东京大学机械系。1932年，喜一郎在爱知县丰田自动织布机制造厂的一个角落里，建立了汽车实验室。1935年，他研制出第一辆汽车。1937年，"丰田汽车工业株式会社"在爱知县举母镇成立，拥有资金1200万日元，员工300人。初具规模的丰田公司，尽管有政府的支持，仍然缺乏竞争力，销路不好。为了改变这种情况，丰田喜一郎冒着极大的风险，开始在自己的公司开发炼钢工业和机器制造业。此举为丰田日后的"大批量"生产奠定了基础。其后的侵华

美誉深蕴

丰田喜一郎

战争和朝鲜战争也极大刺激了丰田汽车工业的发展。二战后，丰田喜一郎根据国内需要，着重生产小型卡车，1949 年产量达 5000 辆，并开始涉足小轿车的生产。1952 年，他突然患病，最终带着一个生产轿车的未圆之梦离开了人世。

在丰田汽车半个多世纪的历史中，除了二次大战结束后，曾有石田

丰田汽车

退三、中川不器男两人入主社长宝座之外，丰田历任社长都是父子交接或是兄弟相传。虽然曾经执掌过帅印的社长奥田硕和张富士夫虽非丰田姓氏，但却是在丰田推行了"第二次创业"，让丰田"返老还童"的功臣。

张富士夫，1960 年毕业于东京大学法学部，同年进入丰田公司。1974 年被提升为生产管理部科长。1984 年，晋升为物流管理部部长（部门经理），同时还兼任生产管理部的项目主管。1987 年，张富士夫

美誉深蕴

被任命到丰田在北美的制造公司担当副社长。1988 年进入丰田公司董事会出任董事，同一年，被提拔为丰田美国制造公司社长。1996 年晋升为丰田公司专务董事，1998 年被提升为副社长，1999 年被任命为丰田公司社长。张富士夫是丰田公司 20 世纪最后一个社长，也是第一个拥有中国姓氏

张富士夫

的社长。刚刚认识他的人，都会不约而同地问起他姓氏的来历。他原籍在日本九州的佐贺县，当地的"有田烧"瓷器非常有名，而且大多是从中国传过来的。张富士夫说自己的祖先可能来自中国。张富士夫喜欢听中国的古典音乐，喜欢中国古诗，喜欢中国古陶瓷。在他眼里，中国的文化最令他陶醉。

"有田烧"瓷器

日本松下电器产业株式会社董事长松下正治早年毕业于东京帝国大学法学部，1971 年任松下电器产业株式会社社长，1977 年任董事长，是松下电器创始人松下幸之助的女婿。松

美誉深蕴

下正治不仅继承了"经营之神松"下幸之助的经营思想，并且创造了新型持续增长的经营模式。同时，他还是一位著名的经济学理论家，他所撰写的多部经营理论著作成为许多知名大学学生和专家的必读书。

日本富士通公司是日本国内电脑硬件领域的最大生产商，在通讯设备生产上位于国内第二位，而在 IT 产业方面，富士通则是国内的龙头老大。富士通株式会社会长关泽义 1954 年毕业于东京大学工学系电气工学科。1954 年 4 月入富士通信制造公司工作。1967 年 6 月公司名改为富士通公司，1986 年 6 月任常务董事，1990 年 10 月任日本电子工业振兴协会副会长，1992 年 5 月任通信机械工业协会会长，1998 年 6 月任富士通公司会长，1999 年 5 月任日本经团联副会长，2000 年 5 月再任通信机械工业协会会长。20 世纪 80 年代，富士通在中国投资很大，极大地配合了中国通讯事业的现代化，为中国的通讯事业贡献了一份力量。

松下幸之助

美誉深蕴

台湾海峡交流基金会董事长辜振甫也曾在东京大学深造。辜振甫 1917 年 1 月 6 日生，台湾省彰化县人，祖籍福建惠安。1940 年毕业于台北帝国大学（即现在的台湾大学前身）政治学系，后到日本东京帝国大学做财政及工商管理研究。50 年代开始在政、商两界发展。历任国民党中常委、"总统府"资政、工商协进会理事长、中国信托投资公

司董事长、台湾水泥公司董事长等职。1964年台"国防研究院"第六期结业。1975年获韩国高丽大学荣誉经济学博士学位。1990年10月被聘为台湾"国家统一委员会"委员，同年11月出任海峡交流基金会董事长。他创立的和信集团企业是台湾第二大企业集团。1992年5月，他获美国宾夕法尼亚大学荣誉法学博士，同年8月，又当选世界管理理事会下属学术机构国际管理学院院士。美国《富比士》

辜振甫

美国宾夕法尼亚大学校园一景

美誉深蕴

杂志也将其列为世界级富豪。辜振甫行事作风深受日本文化影响，礼数分明。作为海峡交流基金会董事长，辜振甫为两岸关系的发展作出了贡献。

从上述例子中，我们不难发现，越是在大企业，东京大学毕业生担任主要领导职务的比率越高，人而也就不难看出，东京大学毕业生在日本经济界所占据的优势地位。

美誉深蕴

"学者殿堂" 芸芸众生

东京大学是世界上教育经费最高的国立大学，也是日本第一所国立大学。幽静雅致的校园里孕育出了诺贝尔文学奖的得主——川端康成和大江健三郎。它是最能代表日本民族精神的著名大学。

在学术成就方面，东京大学稳坐日本"第一把交椅"。"日本学士院奖"与诺贝尔奖的不同，它包括自然科学、人文科学、社会科学等12个学科，可衡量一个学校的综合学术优势，是日本国内的最高奖项。从这一奖项的归属来看，20世纪20年代是东大的一统天下，其获奖人数占全国总获奖人数的73.1%。30—50年代尽管有其他几所旧帝大来分享其成果，但东大的获奖人数仍占64.1%。50年代以来，在12个学科领域中，金牌全部由东大人垄断。除了经济学科外，其余学科东大人获奖率均达50%左右，其中数学、物理、哲学、法学和政治学均超过70%。全国所有获奖人绝大部分是东大的毕业生。

江崎玲于奈，1925年生于日本大阪，东京大学物理系毕业。他曾在索尼公司研究部、美国IBM华盛顿研究中心等任研究员。在索尼公

美誉深蕴

司任职期间，于 1975 年开发了隧道二极管，1973 年因此项发明获诺贝尔奖。1992 年起任筑波大学校长。一次，在让助手测定锗的电流时，助手未发现问题，而江崎博士却从测定记录纸上发现了锗的试样曾出现过一种非常微小的异常电流。他立即对有异常电流出现的锗试样进行仔细分析，发现含高浓度磷的锗其 PN 结的正向伏安特性中存在着"异常"负阻现象。他不但用这一现象有力地证明了量子力学的隧道效应，并利用这一原理开发了隧道二极管。也正是这些业绩使他获得了 1973 年的诺贝尔物理学奖。如果当时他仅仅是看一下测定人员的测定结果报告，大概就不会有新的发现，自然也与诺贝尔奖无

江崎玲于奈

缘了。他的研究成果还有分子线取向生长（晶体）的开发、半导体设计方面的研究等。江崎玲于奈也是东京大学唯一一位获得诺贝尔自然科学奖的学者。

下村治是日本著名经济学家、预测学家，1934 年毕业于东京帝国大学，获经济学博士学位。他曾任日本

筑波大学校园一景

银行政策委员、日本开发银行董事、开发银行设备投资研究所特别顾问，还是拓殖大学教授。下村治综合运用经济学、预测原理、乘数理论等对战后直至20世纪70年代的日本经济状况及发展趋势进行了一系列的分析与预测，并在此基础上一直提倡高速经济增长政策。其理论和主张备受日本理论界、实业界和政界的重视，也曾引起过许多误解和争论。但日本经济发展计划执行的结果表明，下村治的每次分析和预测都是准确的，多次的"增长论争"都以下村治的胜利而告终。他的增长理论因此而被称为"下村理论"。

日本圣玛丽安娜医科大学

2001年国庆前夕，50名为中国经济建设和社会发展作出突出贡献的外国专家荣获了中国政府颁发的年度"友谊奖"。这是中国政府授予

美誉深蕴

外国专家的最高荣誉奖。日本国会参议员、日本圣玛丽安娜医科大学疑难病研究中心主任、日本药物运载系统学会会长水岛裕教授就是其中之一。

水岛裕是东京大学的医学和药学双博士，除了当议员、做教授、兼顾日本政府的其他工作外，他的兴趣和爱好也十分广泛。他能作曲，写诗，还能下一手好围棋，他谱写的轻音乐在日本出过 CD 专集。作为中日友好医院的名誉教授，他并没有像其他获奖的外国专家那样常年工作在中国，而是把他发明的 30 项药品专利中最具有价值的一项制药新技术——脂

水岛裕

美誉深蕴

中日友好医院

微球载体靶向技术，于 1993 年无偿地赠给中日友好医院。1998 年，国内首家脂微球载体靶向药物"前列地尔注射液"面世，次年获中国国家科技部等五部委颁发的重点新产品证书。产品上市仅 3 年，就为全国 500 家医院的 300 万患者解除了血栓、血管硬化等血液循环疾病所造成的痛苦，使许多糖尿病并发症患者的坏疽病患者避免了截肢。2000 年，水岛裕教授又将他的另一项专利技术——氟比洛芬酯注射液转让给了泰德公司。

文化勋章是日本政府为表彰对科学、艺术等文化的发展做出卓越贡献者而设立的。日本文化勋章一般一年授予一次，但有时一年授予两次，有时两年授予一次，因此年度和授予次数并不一定相符。该勋章本身并不带有年薪，由于获得勋章者全为文化功劳者，根据文化功劳者年金法，

夏目漱石   永井荷风

美誉深蕴

享有终身年金。值得一提的是，自 1937 年 2 月该奖设立以来，截至 2007 年已授予 65 次文化勋章，其中绝大部分都由东京大学毕业生荣获。

在文学、艺术方面，东京大学更是人才辈出。除川端康成、大江健三郎获得诺贝尔文学奖外，夏目漱石、三岛由纪夫、森鸥外、太宰治、永井荷风、广津柳浪、芥川龙之介等也都世界闻名。

日本大阪府

1968 年诺贝尔文学奖获得者川端康成（1899—1972 年），是日本现、当代著名小说家。川端康成出生在大阪，幼年父母双亡，后祖父母和姐姐又陆续病故。孤独忧郁伴其一生，这在他的创作中也有反映。他在东京大学国文专业学习时，曾参与复刊《新思潮》（第 6 次）杂志，并发表短篇小说《招魂祭一景》，博得作家菊池宽的赏识，引起文坛的注目。1924 年，川瑞康成创办《文艺时代》杂志，成为新感觉派的中心人物。其作品深受佛教思想和虚无主义影响，追求人生升华的美。其

美誉深蕴

一生创作小说100多篇，其中中短篇多于长篇，1926年发表的《伊豆的舞女》为代表作。其《雪国》、《千只鹤》和《古都》是诺贝尔奖获奖作品。

川端康成曾任国际笔会副会长、日本笔会会长等职。1957年被选为日本艺术院会员，获"艺术院奖"和日本政府授予的文化勋章、西德政府的"歌德金牌"、法国政府的"文化艺术勋章"。1968年获诺贝尔文学奖金。

菊池宽

1972年在工作室自杀去世，未留下遗书。川端康成的作品富抒情性，追求人生升华的美，并深受佛教思想和虚无主义影响。

大江健三郎，日本著名小说家，1994年诺贝尔文学奖获得者。大江健三郎出生于日本爱媛县。1954年，他考入东京大学，攻读法国文学，其间，但丁、巴尔扎克等西方文豪对他风格的形成影响很大，尤其是萨特的存在主义哲学奠定了他那种独特的荒诞现实主义手法的基础。1959年毕业时，他的毕业论文题目就是《论萨特小说中的形象》。大江在大学时就开始创

大江健三郎

美誉深蕴

79

作，23 岁时创作的中篇小说《饲育》获得"芥川文学奖"，以后不断有重要作品问世，最典型的是长篇小说《我们的时代》。这篇小说描写了一个迷惘的大学生想自杀又没有勇气的心理，所代表的是第二次世界大战以后"垮掉的一代"。1994 年获得诺贝尔文学奖使他文学生涯的荣誉达到顶峰，成为日本战后文坛上的重要人物。

大江健三郎以他近 40 年的文学创作生涯影响了当代日本语文学。他获得诺贝尔文学奖不是偶然的。川端康成称大江是"有特异才能的作家"，三岛由纪夫则说："作为小说家，大江的技巧是非常圆熟的，达到白璧无瑕，堪称日本有代表性的作家之一。"大江获诺贝尔奖后，我国曾一度掀起一股大江健三郎作品出版和销售热。先后出版的有《大江健三郎作品集》，包含了《个人的体验》、《万延元年的足球队》等大江获奖的主要作品。

美誉深蕴

三岛由纪夫（1925—1970 年），日本著名作家，本名平冈公威，官僚家庭出身。他 6 岁起在学习院受教育长达 13 年之久。在校期间，思想上受日本浪漫派的影响，同时开始用三岛由纪夫的笔名发表习作。1944 年考入东京大学法学部，1946 年经唯美派代表作家川端康成推荐，发表短篇小说《烟草》。1947 年毕业于东京大学法律系，曾入大藏省银行局供职，8 个月

三岛由纪夫

后辞职走上专业作家的道路。1949 年发表《虚假的告白》，奠定了其作家的地位。

三岛由纪夫的文学活动大致以 20 世纪 60 年代为界，分为前后两期。前期唯美主义色彩较浓，后期则表现出一种可怕的艺术倾斜和颠倒。在他进入文坛的 20 年中，总共创作了 300 多篇不同体裁的文学作品，代表作有《虚假的告白》、《潮骚》、《金阁寺》等。60 年代，三岛连篇累牍发表政论文章，反对进步群众运动，组织"盾会"，自任队长。1970 年煽动军队组织武装政变失败，切腹自杀。

森鸥外（1862—1922 年），陆军军医、帝国博物馆总长、小说家、评论家、翻译家。从东京帝国大学医学部毕业后，森鸥外为了实现去德国留学的梦想而当了军医，终于实现梦想。但是，在德国留学的日子里，给他影响最大的却是欧洲文学，哲学。从德国回来之后，森鸥外就写了三部小说《舞姬》、《泡沫记》、《送信人》，文中满载了留学生活的体验，是具有浪漫气息的凄美的爱情小说。这几部小说也奠定了近代日本小说的基础。此外，他还发起了战斗性的启蒙评论活动。

森鸥外

芥川龙之介（1892—1927 年），1913 年入东京大学英文系。大学毕业之前，在第四次复刊的《新思潮》上发表了《鼻子》。夏目漱石赞赏

这篇作品"笔端凝重，朴素平易，诙谐自然，情趣雅致；而且材料新

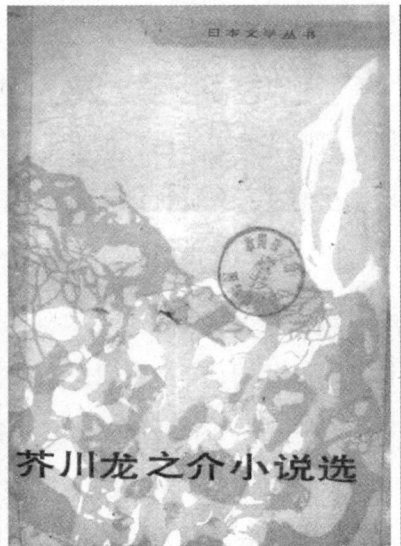

芥川龙之介

芥川龙之介作品

颖，立意精辟，构思谨严，令人钦佩"，并预言他"要是再写上二三十篇这样的作品，定会成为文坛上首屈一指的作家"。大学毕业后，他在镰仓海军机关学校教过三年书。1919 年入大阪每日新闻社，1921 年以该社海外特派员身份到中国十余座城市游览，回国后写了《上海游记》《江南游记》等。后来，以芥川龙之介的名字命名的"芥川奖"成日了本国内著名的文学奖。

村山知义（1901—1977 年），日本剧作家、小说家。1921 年进入东京大学哲学系。1925 年参加河原崎长十郎等人创建的心座剧团，开始由达达派倾向转向日本无产阶级文艺。创作了具有社会意义的剧本《勇敢的主妇》、被称为日本无产阶级戏剧代表作的《暴力团记》等。1931年参加日本共产党，1932 年被捕，1933 年出狱，发表小说《白夜》。

1937 年创建"新协剧团",培养和团结了一批进步的演员。1940 年再度被捕,剧团被强行解散。出狱后前往朝鲜。日本战败后回国重新组织新协剧团。

太宰治（1909—1948 年），日本小说，是一位日本现代文学史上颇有争议的人物。他出身于地主家庭，但对地主阶级的残酷剥削和道德沦丧深恶痛绝。1930 年入东京大学法语系，曾积极参与共产党的地下活动。又与此同时，他与艺妓小山披代结婚。而后，与东京银座酒吧女士邂逅，差点闹到双双跳海殉情的地步。太宰治于 1935 年以《丑角之花》走上文坛。他的小说《惜别》描写了鲁迅先生在日本仙台的留学生活。战后创作的长篇小说《斜阳》，是他的代表作。

杉浦明平，日本小说家、评论家。1936 年东京帝国大学毕业。1941 年入出版文化协会，任《书评》总编辑。

村山知义

太宰治

美誉深蕴

1949 年，与他人一起成立未来之会，创刊《未来》。1971 年创作《渡边华山》，被称为"开森鸥外以来历史小说的新局面"，获 1972 年每日出版文化奖。1995 年因翻译《米开朗琪罗》获日本翻译家协会的翻译特别功劳奖。代表作有《关于文艺复兴文学的研究》、《十三号台风始末记》、《基地 605 号》、《哄笑的思想》等，著有《杉浦明平记录文学选集》等。

中野重治

另外，日本诗人三好达治（1900—1964 年），日本剧作家、小说家久保荣（1901—1958 年），日本小说家、评论家、诗人中野重治（1902—1979 年），日本小说家上林晓（1902—1980 年）、岛木健作（1903—1945 年）、阿部知二（1903—1973 年），演员山村聪、南原宏治、平田昭彦，歌手加藤登纪予，多才多艺者桥木治也等都是东京大学的毕业生。

美誉深蕴

文化徜徉

历史见证

　　赤门、银杏树道、安田讲堂，作为东京大学的标志性建筑，一起见证了东京大学的历史。林立的高楼，现代化的街道，便捷的地铁以及注重精致生活的东京人，一同构成了东京独特的外貌。

东京大学赤门

文化镶祥

公元 1827 年（文政 10 年），江户幕府第 11 代将军德川家的女儿下嫁加贺藩第 13 代藩主前田泰，按例兴建朱漆赤门以迎娶。历代幕府将军把女儿嫁给各地大名的例子自然有很多，随之兴建的"赤门"也不会在少数，可是由于"赤门"有火烧之后不再重建的习惯，到现在东大的"赤门"已成为全日本仅存的国宝级文物。这还不算，二战末期美军对日本本土的无差别空袭也煞有深意地避开了"加贺藩家敷"这块有灵气的土地，使得"赤门"历经 170 多年的沧桑依然屹立如初，中间虽有过大规模解体修复，但铜钉鬼瓦、朱漆白砂却依旧保留了旧时客颜。往事如过眼烟云，如今的赤门，迎接的再也不是美丽的新娘，而是来自世界各地的莘莘学子。

现在走进东京大学，在一片现代化建筑群中，有一座古朴典雅的

东京大学

门，独具一格，这就是被看作日本国宝的赤门。江户时代，藩王娶妻建赤门是一种习俗，而今赤门俨然已成为东京大学的象征。而被视为东京大学象征之一的银杏树道，同东大一起历经了百年的沧桑，也给校园带来了超凡脱俗的美。

本乡校区的正门建于 1912 年。从那时开始，在一进正门的路两边就种上了银杏树。提到这东大有名的银杏树，有一位老先生不得不提。从安田

讲堂前的草坪向三四郎池那边望去，有一位坐在沙发上单手擎腮陷入沉

东京大学银杏树

思的铜像，他就是这位"尾新"先生。尾先生曾两度担任过东大总长，还曾在 1897 年做过文部大臣。他叫当时小石川植物园的园长从园里移栽过来银杏树，以实现他设想的"一入正门，万人正襟"的严肃气氛。1948 年，校内公募东大徽章的设计方案，第二工学部（生研的前身）的星野昌一教授的方案被采用，从那时起，银杏就永久地与东大结缘了。

银杏大道的尽头是著名的安田讲堂，它是东京大学举行重要集会的场所。每年的 4 月 12 日，也就是该校的建校纪念日，新生入学典礼就在这里举行。作为东京大学的标志性建筑，安田讲堂见证了东京大学的历史，在日本的教育史上也留下了深深的印记。

东京大学安田讲堂

安田讲堂的全名也许应该叫作安田善次郎讲堂。1854 年，当时仅 16 岁的安田先生在江户开设安田商店，后发展为安田银行，创立共济安田生命保险会社，开日本生命保险业之先河。此外，日本银行、满洲铁路等等都与此人有关。当此人得知东大要建一座大讲堂时，便立即亲自拜访当时的总长古在由直，并捐资一百万（实际耗资 110 万）。

1922 年，工学部长本靖就任大讲堂建设实行部长，同年 12 月奠基，所需建材等等一切准备就绪。可就在第二年，即 1923 年 9 月 1 日，关东大地震爆发，大火当然也没有放过尚在襁褓中的安田讲堂。1924 年 4 月 1 日工程再启，直到 1925 年 7 月 6 日安田讲堂才完全竣工。这把无名之火也许正是导致后来建设耗资超出 100 万捐资的原因。

安田大讲堂由后来担任过东大总长的工学部教授内田祥三设计，最

大能容纳 1738 人同时听讲，舞台装饰有著名画家小杉未醒的壁画。这座基底为半圆形的建筑一直被视为东大的象征。

东京大学校园内还有一处著名的景点——"心字池"，清幽的池水、戏水的野鸭，有一种中国江南园林的雅趣。日本文学家夏目漱石在小说《三四郎》中描写了它，所以人们又叫它"三四郎池"。如此美丽的景致，曾经为东大孕育出两位诺贝尔文学奖获得者——川端康成和大江健三郎。

东京大学的"三四郎池"

1615 年夏，德川家康打败了大阪城中臣秀吉的儿子秀，灭了臣氏，统一了全日本。此战加贺蕃主前田家有功，受赐一块在江户的宅地，就是现在东大的本乡校区。到了 3 代蕃主前田利常的时候（1626 年左

文化徜徉

右)，掘池筑山，以"心字池"为中心，设八景八胜，按《周易》"境之胜者八，景之美者八，合之名曰育德之园"，取名"育德园"。《三四郎》中也有一段对"心字池"的描写：

"三四郎走到水池旁边蹲下来。四周非常寂静，没有电车的声响，原来通过赤门前面的电车，在学校的抗议下，绕道小石川了。三四郎在乡下时就从报纸得知了这个消息。三四郎蹲在水池旁边猛然想起了这件事，这所连电车都不允许通过的大学，离开社会该有多么遥远。"

"三四郎凝神眺望着池面，几棵大树倒映在水里，池子底下衬着碧青的天空。三四郎此时的心绪离开了电车，离开了东京，离开了日本，变得遥远和飘忽不定了。"

"三四郎蓦地抬头一看，左面的小丘上站着两个女子。女子下临水池，池子对面的高崖上是一片树林，树林后面是一座漂亮的红砖砌成的哥特式建筑。太阳就要落山，阳光从对面的一切景物上斜着透射过来。女子面向夕阳站立。从三四郎蹲着的低低的树荫处仰望，小丘上一片明亮。其中一个女子看来有些目眩，用扇遮挡着前额，面孔看不清楚，衣服和腰带的颜色却十分耀眼。白色的布袜也看得清清楚楚。从鞋带的颜色来看，她穿的是草鞋。另一个好一身洁白，她没有拿团扇什么的，只是微微皱着额头，朝对岸一棵古树的深处凝望。这古树浓密如盖，高高的枝条伸展到水面上来。手拿团扇的女子微微靠前些，穿白衣的女子站在后边，距离土堤还有一步远。从三四郎这边望去，两人的身影斜对着。"

不老习俗

　　"五月祭"是东京大学在每年五月中旬举行的一次规模较大的综合性活动。这期间，平时宁静的本乡校园，顿时变得五彩缤纷，熙熙攘攘。从学校正门和安田讲堂之间的银杏树路到综合图书馆的前面，摆出

东京大学"五月祭"

了各种各样的饮食铺。各学部的研究室陈列出别具一格、独树特色的展品。在安田讲堂里，东京大学学生乐队、爵士乐队、摇滚乐队、民族乐队举行各种音乐会。放映会场、话剧会场也是人山人海。医学部展出的用酒精浸泡的胎儿标本、脑标本……激起了孩子们的极大兴趣，深受参观者欢迎。除此之外，各学部教授还组织了各种高水平的讲演会，丰富了"五月祭"的活动内容。

东京大学"五月祭"

"五月祭"最先叫做"大园游会"。开始规模并不大，主要目的是加强各学部之间的学术交流和关系亲善。当初的"大园游会"的规模，仅是啤酒公司提供广告性的啤酒，大学师生聚集在运动场上，用啤酒"干杯"而已。后来逐渐扩大规模，向一般市民开放学校的部分设施，进行多种多样的活动。从 1936 年起，正式称之为"五月祭"，截至

1987 年 5 月，五月祭共举行了 60 次。仅第 60 次"五月祭"就安排了 320 项活动，有模拟店、研究成果展览、演剧、演电影、音乐会、咖啡馆、讲演等活动，约 45000 人参加，规模盛大，内容丰富。

每年 11 月中旬，在教养学部驹场校园举行的"驹场祭"，是一种娱乐性较强的全校性活动。它最早始于第一高等学校，后来第一高等学校被合并为东京大学，驹场祭就作为东京大学的学生活动而被保留了下来，一直延续到现在。驹场祭是一项规模较大的综合性的活动，以 1979 年为例，当时共安排了 660 项活动，其中有学生自己放映电影 70 部，各学部学生小剧团演剧 40 场，音乐会等 30 次，另外还有模拟店、研究成果展览各 200 项左右。驹场祭的活动是自愿参加的，只要向驹场祭委员会提出活动计划，均可得到参加权。委员会根据学生提出的活动内容，分给活动场地（运动场或者教室），并将其列入活动程序表中。驹场祭活动期间，游泳部的活动是最有特色的。学生们跳着带有传统色彩的"河童舞"，这一舞蹈从第一高等学校以来一直沿袭至今，颇受欢迎。此外，还会邀请一些著名歌手或演员来校助威，为驹场祭增添活跃气氛。

现在的驹场祭仍然是东大学生的一件盛事。驹场祭的主体是学生摆摊卖自做的小吃，校内的各学生团体介绍自己，并表演节目。时间持续 3 天，非常热闹。

阳刚之美

文
化
徜
徉

柔道诞生于日本，是日本人民很喜爱的一项运动。它在日本开展得极其广泛，因此日本素有"柔道之国"的称号。

日本柔道

柔道是日本武术中特有的一科，是由柔术演变发展而来的。柔道具有悠久的历史，从日本战国时期到德川时代（公元15—16世纪），一直把柔道称为柔术或体术。现在所用的柔道这个一名词，是由"日本传讲道馆柔道"简化而来的。

柔道的历史非常古老，要了解它的起源非常复杂，在柔道各流派的著作中，关于它的起源有各种各样的说法。一种传说是：在垂仁天皇时期（公元前29年，即位，野见宿弥和当麻蹴速二人进行了一次有名的格斗。他们的格斗是用搏击和角力相结合的方法进行的。此后，一些人

吸取了其中角力的技术，发展成为现在的相扑运动；另一些人总结了格斗中搏击方面的经验，发展成为柔术，进而演变成为柔道这种体育运动形式。另一种说法是：柔术起源于我国唐代拳术，是徒手形式的柔法、和法、体术、捕手、小具足、拳法等打、踢、摔、拿竞技项目的总称。到了明朝末年，曾在少林寺学过武术的陈元斌于 17 世纪上半叶东渡日本，在江户城南国正寺传授中国武术，致使柔术在日本广泛开展起来，从此流派也日益繁多。在柔术的流派中，记载最早的流派是天文元年（1532 年）6 月创始的竹内流派，接着在丰臣末期（约 1590 年）兴起了荒木流派，德川家光时代（1623 年）以后，又出现了梦想流派、制刚流派、吉同流派、直心流派、良移心当流派、天神真杨流派、起倒流派、涉川流派等。

明治十年（1877 年）3 月，东京帝国大学（现在的东京大学）18 岁的学生嘉纳治五郎从健体的愿望出发，立志学习柔术。最初他在天神真杨流派的福田八之助门下就学，后在同流派的矶正智处学习，随后又在饭久保恒年的起倒流派学习。经过数年努力，他的业艺达到了很高水平。他对天神真杨流派、起倒流派，以及其他各流派进行了深入的研究，不视门户之

嘉纳治五郎

文化镐祥

见，博采众家之长，经过整理改革，使柔术技艺理论和技术趋向完善，并制订了一套较为系统的训练方法，取消了具有危险性的动作，确立了以投技、固技、当身技三部分为主的新的柔术体系，从而使传统柔术的面貌焕然一新而成为现代柔道运动。从此，他开始对如何使柔道成为具有教育性的体育项目进行了科学探讨，并使柔道在培养高尚的意志品质方面迈出了新的步伐。日本人民出于对柔道的推崇和对自己民族文化的热爱，非常敬仰嘉纳治五郎先生，把他称为"柔道之父"。嘉纳不仅是现代柔道运动的创造者、倡议者，也是日本著名的教育家，一位对国际体育界有重要影响的伟人。

明治十五年（1882 年）2 月间，嘉纳治五郎先生移居下谷稻荷町永昌寺内，把寺院作为道场（训练场），教授学生，开始了以柔道为中心的训练活动。这个永昌寺也就成了"日本传讲道馆柔道"的创业地。第一年，来学习的学生只有 9 名，以后逐年增加，讲道馆的影响越来越大。由于柔道吸收综合各家柔术固有之长，又有可供比赛的规范可循，所以它不仅是一种行之有效的自卫技能，而且是一项引人入胜的体育运动；不但可以增强人们体质，而且有益于精神锤炼，可以提高人的警觉、应变能力，增强自信心和意志力。

柔道在日本有着十分广泛的群众基础，现在日本每年都要围绕全国柔道比赛大会举办名目繁多的各种类型的比赛。例如，各地区的中学生（相当于我国的初中生）柔道比赛，高等学校（相当于我国的高中生）的全国比赛、全日大学生优胜赛，以及各种形式的对抗赛等。柔道在日本不仅仅是一项娱乐性质的体育运动，而且是学校体育的一个教学项

目。这就使日本人民从少年时代起就有机会接受系统训练，为提高柔道技艺奠定了坚实的基础。因此享有"柔道之国美誉的日本在历届奥运会和世界比赛中，几乎每次都会获得半数以上的金牌和团体冠军。

柔道经过近代的发展之后于 1964 年东京奥运会上被列为正式比赛项目（东道主可以选择增加一个奥运会比赛项目，

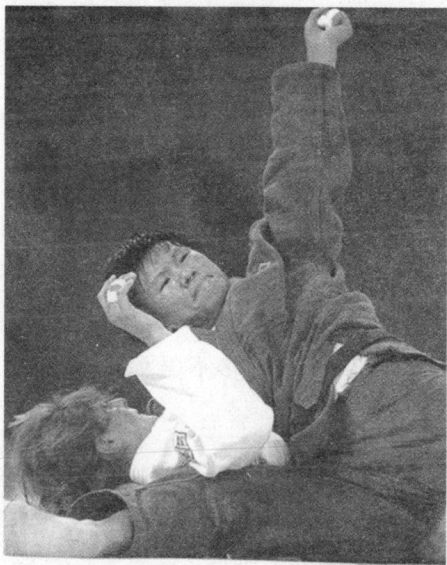

柔道比赛

日本选择了柔道），日本作为柔道的发源地在早期的确拥有绝对优势。但是在这届奥运会的无差别级比赛中，身高一米九八的荷兰选手吉新克击败了日本三届全国冠军，从此改变了人们对日本柔道的幻想式看法。

女子柔道比赛于 1992 年进入奥运会，现在奥运会设有七个重量级别的男子和七个重量

女子柔道比赛

文化榜样

级别的女子柔道项目。在奥运会上，男选手得分并赢得比赛的时间是五分钟，女子为四分钟。如果双方都没有得分，则由三名裁判按照多数票的原则确定胜者。每个重量级别的项目都设有一块金牌，一块银牌和两块铜牌。

空手道

除了柔道，空手道也是日本人非常喜欢的一项体育运动。东京大学的空手道部设立于 1922 年，现在已有 90 年的历史了。白衣黑带、赤手空拳的空手道运动，现在已经是一项世界流行的运动了。

和空手道俱乐部一样，东京大学茶道俱乐部的历史也很长，每个星期，热爱茶道的学生都会到"柏荫舍"来练习。每年春天和秋天，茶道俱乐部也举办一些招待毕业生和其他客人的茶会。茶道可以说是日本文化的结晶，它不仅体现了日本人生活的规范，还反映了日本人平等、互敬的道德观念。

在茶道表演过程中，虽然好多人还不太习惯绿茶的苦味，但在练习时却是一板一眼，严格遵循每一道程序。日本人大多不愿意共用口杯，但在茶道中却破除了这一禁忌，表达了一口同心的意愿。

东京大学著名的体育项目还有水上运动会和田径运动会。

每年 6 月，东京大学都会在曾经举办过奥林匹克运动会划船比赛的

日本茶道表演

户田市划船赛场上举行水上运动会，这是东京大学划船部主办的传统活动。水上运动会最受欢迎的项目是，谁都可以参加的4人一组的划船比赛。只要4人能组成一队，便可在奥林匹克赛场上争个高低。比赛时，每个队都会给自己取个奇特的队名，每次大约有80个队参加比赛。经过激烈的竞争，除了给优胜队发奖外，学校还特意安排了一个"珍名赏"的奖励。这一奖励是专门发给队名取得最风趣、奇特的运动队。这样一来，有的队干脆不争比赛名次，目标只对准"珍名赏"，专在队名上下一番功夫，在队名比赛中争高低。有位同学曾风趣地说："水上运动会妙就妙在4人一组上。因为有时候正好4人一组打麻将，突然心血来潮，于是报名参加了比赛。"看来，这也是对水上运动会盛况的一种

精辟解释了。

十月的日本，秋高气爽，气候宜人，正是举办体育竞赛的黄金时节。十月田径运动会是东京大学颇有历史传统的一项体育活动。这一天，东京大学学生只上两节课，之后全校停课，师生全都汇集于运动场上，东京大学田径运动会就此拉开帷幕。东京大学田径运动会已有不算短的历史了。它起源于 1883 年，已被看作是日本近代田径运动会的起点。日本近代文豪夏目漱石也曾在他的著名小说《三四郎》中描写过东京大学田径运动会场面。据说一年一度的东京大学田径运动会在明治时期却成了"东京景观"之一，为东京 市有名人士的聚集提供了机会，同时也吸引了众多观众。

文化榜样

各 界 精 英

日本"诺贝尔文学奖"第一人

　　川端康成，1924 年毕业于日本东京帝国大学国语系，1968 年获 诺贝尔文学奖、日本文化奖章。作为日本最著名的作家、编辑，他的主要著作有：《伊豆的舞女》、《雪国》、《千只鹤》、《古都》、《名人·舞姬》、《日兮月兮·浅草红团》、《美的存在与发现》、《山音·湖》、《美丽与悲哀·蒲公英》、《掌小说全集》、《独影自命》。

　　1920 年 3 月，川端康成高中毕业，4 月考入东京帝国大学文学院的英文系，开始接受高等教育，也开拓了他以后在写作关系方面的领域。他的同年同学之中，石浜金作、酒井真人、铃木彦次郎等都是从他高校时代就在一起的。入学未久，他就邀集了他这几位同学又加上他的好友今东光几个人，开始筹备复刊第六次

川端康成

各界精英

105

《新思潮》。他去访问菊池宽，很得菊池宽的赏识，这也成为他此后写作生涯的关键。《新思潮》原本是1907年由小山内薰主办，由潮文阁发行的一个杂志，发行到第十七期停了刊，这就是所谓的第一次《新思潮》。第二次，则是在1910年（明治四十三年）复刊，仍由小山内薰任主宰，又聘请了岛崎藤村为顾问，更扩大阵容，把后藤末雄、和迁哲郎、谷崎润一郎、子泉铁、木村庄太等都拉入作为同仁。此后，《新思潮》便成了以东京帝国大学文科学生为中心的专属同仁杂志。后来断断续续，出出停停，复刊停刊了十余次。第六次复刊第一期是在1921年2月发行的，由酒井真人想法弄到了一张百元大钞，才得以发行的。要知道那时百元日金的大钞颇为罕见，据今东光追忆说，当时如果拿百元大钞去百货公司买东西，百货公司连顾客姓名都要记下来的。

这次《新思潮》出了几期，又复停刊。然而，这些主干都成为了后来创刊《文艺时代》的同仁，也是"新感觉派"的台柱。川端康成的好友今东光氏在其所写的《东光金兰帖》中，对川端康成的这项复刊还是极为怀念和重视的，并称赞川端康成是个百年不出一个的奇人。后来川端康成由英文系转到国文系（即日本文学系），系主任是藤村作博士。当时日本的名汉学家盐谷温先生也正在东大主讲中国文学，芥川龙之介曾去听过他的《琵琶记》，并劝今东光也去听他的课。川端康成后来曾与今东光等合译了一部由盐谷温先生训点的中国唐代小说，并附有盐谷温先生的一篇序言。由此可知，川端文学与中国古代文学也是有着相当的渊源的。

也是在这一年，菊池宽先生又介绍川端康成认识了横光利一，横光

各界精英

利一那时与久米正雄、芥川龙之介等都已是著名的作家了。在第六次《新思潮》的第二期，他发表了曾经受到菊池宽、久米正雄等高度评价的精心之作《招魂祭一景》。7月的《新思潮》中，他又发表了《油》，是描写他与祖父共同生活时的情节。同年12月，在水守龟之助任主编的《新潮》杂志上发表了他对南部修大郎氏第二部作品集《湖水之上》的批评——《南部氏之作风》，拿到了他写作生涯的第一次稿费，这在他的写作史中也是非常有意义的。

川端康成

1922 年，川端康成 24 岁，已翻译过 John Galsworthy 和 LordDunsany 等小品文，并送到《文章俱乐都》杂志发表。大学三年级时，菊池宽创刊《文艺春秋》，把川端康成和石浜金作、酒井真人、铃木彦次郎、今东光四个人，都拉去做了同仁。在创刊号中，川端康成发表了《林金花的忧郁》。《文艺春秋》是日本文艺界的主力杂志，也正是这本杂志使他向作家之路更迈进了一步。这年 9 月 1 日，发生了日本历史上有名的关东大地震，川端康成住的本乡驹千驮本町的"下宿"虽然无恙，可是其他地区灾情奇重，到处房倒屋塌，极大刺激了当时的日本文艺界。

各界精英

1924 年，川端康成 26 岁，以《关于日本小说史的研究》论文毕业于东京帝大。自不过四年级始，他的学费来源就已经断绝，大学毕业后，他就完全踏上作家之路。

其实，人们通过对川端康成的研究发现，川端康成对文学的热爱及其在文学创作上的天赋，早在他很小的时候就已经显露出来了。

1899 年 6 月 11 日，川端康成出生在日本第二大工商业城市大阪。他的父亲是个医生，热爱汉诗和绘画，具有较高的文化素养。但他的童年十分不幸，在还不满 3 岁时，父母就相继去世了。孤苦无依的他被祖父母带回农村抚养。

他从小体弱多病，胆小怯懦。他 8 岁入学，但因害怕热闹的场面和众多的师生而不敢去上学，常常以生病为由缺课，有时一年甚至会缺课达两个月之久。不过其祖母在他上学前就开始教他识字，因此才使他基本没有影响学业。后来他祖母去世时，他已逐渐能够适应上学。从此，他与双目失明、卧床不起的祖父相依为命。童年的不幸遭遇，对他的一生都产生了消极的影响。

祖母去世后，原本冷寂、凄凉的家庭更加凄凉，年轻的他也变得更为孤僻而任性，有时甚至会把祖父气得浑身发抖，但很快他又后悔不已。那段日子里他常常像凝视着肖像画似的注视着祖父的面孔，内心感到无比的孤凄和无助。以至于成后后，他的脑海中几乎没有留下别的记忆——除了疾病和死亡。

后来，他常常一大早就拼命爬到山顶去看日出，以此来磨炼意志和扩展胸怀，并萌发了要与命运抗争的坚强意念。他常在中午时独自一人

躺在石板上读书，以增长知识。后来，他找到了摆脱孤凄的方法：不断地读书和绘画。他的祖父和父亲都擅长绘画，川端康成似乎也继承了他们那种天赋。通过自己的刻苦努力，小小年纪的他就已经能画出一手好画。

他的祖父和父亲藏有很多汉文书籍，使他从小就对书籍产生了浓厚的兴趣，家里的书几乎被他读遍了。后来，他又从学校图书馆借书来读，从通俗小说读到惊险小说，后来又读起了《源氏物语》等日本古典文学。他被作品的文体和韵律深深地吸引住了，也激发了他的创作欲望。

《源氏物语》插图

14岁时，他以第一名的好成绩考入大阪府立茨本中学，国文和汉文成绩尤其突出。这时，他开始把目光集中到阅读文学书籍上，尤其喜

各界精英

欢读日本、中国、俄国和欧洲作家的作品。

到了中学时期，他就开始一边学习，一边练习写作了。中学三年级时，他收集整理了自己的习作，编成诗集和作文集，并称之为《第一谷堂集》和《第二谷堂集》。

然而，就在他逐渐向文学之梦靠近时，他的祖父身体却越来越差。怀着对祖父深厚的感情，他坐在祖父的病榻前，一字一句记下了祖父弥留之际的情形，写成了充满哀痛的《十六岁的日记》。祖父去世时，川端康成还不满 15 岁，年少时的孤苦生活使他养成了感伤孤僻的沉郁性格，这种性格后来伴随他的一生

后来，在《京孤新闻》报一位青年编辑的支持下，川端康成开始发表一些书简体的文章和诗歌。

1917 年，他考上了高等学校的英文班，结交了一些青年文学爱好者。3 年的学习使他大大开阔了眼界，在此期间他还发表了他的第一篇短篇小说《千代》。

再后来，他考进了日本东京帝国大学，他的作品和他自己都在学习中不断成长和成熟起来。

大学毕业之后，即 1924 年的秋天，川端康成和横光利一，以及片冈铁兵、石浜金作、今东光、佐佐木味津三、铃木彦次郎等二十几位新晋作家共同创刊了《文艺时代》杂志，创刊号于当年 9 月出版，从此他们扛起了新感觉派的大旗。川端康成在加紧写作的同时，对他在高校时代累次独游因而邂逅了"小歌女"的那个叫伊豆汤岛的地方仍是不能忘情。从 27 岁这年始，他曾长时期地居住在伊豆。不住在那里时，

又频频往返于东伊道上。28 岁那年，他在《文艺时代》一月、二月号上发表了他的成名作《伊豆的小歌女》。同年六月，金星堂出版了他最早的处女创作集《感情装饰》，奠定下他作家的地位。日本有一个习惯，作家在出刊处女集后是要举行祝贺会的。当时出席他出版祝贺纪念会的人有：福冈益雄、江户川乱步、大宅壮一、丰岛与志雄、石浜金作、菊池宽等 50 多人。这时，他在东京暂住于麻布区宫村町。翌年，他才从汤岛正式搬到高圆寺赁屋居住，但仍常去伊豆。后来金星堂又把他的短篇小说《伊豆的小歌女》印成单行本，他也和犬养健、林房雄、池谷信三郎、横光利一、小岛政二、永井龙男、片冈铁兵等 20 几位同仁共同创刊一页随笔杂志《手帖》。所谓"一页随笔"是指所有执笔的人每人分配一页版位，写些诗、画、随笔、日记等。志后附有白纸，以供读者做笔记之用，所以叫做"手帖"。"手帖"这两个字译成中文，就是"笔记本"或"杂记本"的意思。这个别致的杂志，从创刊到昭和三年十一月，共发行了九期，而后停刊。这时川端康成又参加了新感觉派影片联盟，这个联盟虽只拍了一部影片就夭逝，可是在日本近代文学史上，尤其是对新感觉派运动来说仍然是相当有纪念意义的。

而关于所谓新感觉派的来龙去脉是这样的：川端康成、今东光、横光利一、石浜尾作、片冈铁兵等在 1924 年创刊了《文艺时代》之后，一个偶然的机会，当时的文艺评论家千叶龟雄为《文艺时代》写了一篇叫做《新感觉派的诞生》的论评。由于这个"新感觉派"的字眼下得非常恰当，所以大家便也这样叫起来了。《文艺时代》的这群作家自己后来也承认了这个头衔，同时还努力建立了一些理论，并向着这个目

各界精英

标前进。本来，世界上的事情，都是像老子所说："无名天地之始，有名万物之母"的，这新感觉派的诞生也不例外。新感觉派在文学运动上的目标是要打倒当时的既成文坛，即要打倒那时掌握文坛的所谓"自然主义文学"派。除了他们之外，那时在日本文坛上还有一个新兴势力，就是平民文学运动。新感觉派、自然主义文学派、平民文学运动，这三者成为鼎足之势，互相攻伐，使这一时期成为日本大正、昭和文学史上的一个重要阶段。川端康成在东京住了没多久，便移到热海租了一所别墅居住。翌年，又由热海回到东京市郊大森马居住。1929 年，平凡社刊行《新进杰作小说全集》，其中第十一卷便是《川端康成集》。同年 4 月，《近代生活》杂志创刊，川端康成参加并作为创刊人之一。9 月，他自大森迁到东京下谷区上野樱木町居住。同年 12 月起，《东京朝日新闻》夕刊连载了他的《浅草红团》。至此，康成在文学界的地位可说已完全奠定了。

1931 年，《改造社日本文学全集》中把《川端康成集》作为《新兴艺术派文学集》出版。1932 年，春阳堂《明冶大正文学全集》中"现代作家篇"出版了《川端康成集》。1933 年 10 月，他与武田麟大郎、林房雄、小林秀雄等创刊了《文学界》。1934 年他除了创作之外，还发表了他的《文学的自叙传》。这年，他迁居到下谷区中坂町居住。1935 年，他开始写《雪国》，前几节《夕色之镜》（文艺春秋一月号）、《白晨之镜》（改造一月号）发表以后，他又断断续续的写了《故事》、《徒劳》、《萱之花》、《火枕》、《手球歌》、《雪国抄》、《续雪国》，直到 1947 年，才算完成了这部代表大作，总共历时 12 年之久。幸运的

各界精英

是，这部大作并没有虚耗他的精力，最终成为他获得诺贝尔文学奖的主要代表作品。

1937 年，他迁居到镰仓町二阶堂。1940 年，组成日本文学者会。1941 年春夏之交，他与村松梢风、吴清源访问中国东北，在哈尔滨和同行者分手后，他又经承德到北平，住了十几天，才转道大连返回日本。同年秋，与改造社社长山本实彦、高田保、大宅壮一、火野苇平等又访我国，历经哈尔滨、黑河、海拉尔等地，至奉天与同行者分手，留下来住了约一个月，后又去北平游历了约半个多月，仍转道大连回日本。没过几天，太平洋战争就爆发了。

1944 年川端康成受菊池宽文学奖。1945 年 8 月 15 日，日本降伏，东久迩内阁成立；10 月释放政治思想犯，废止治安维持法，币原内阁成立；11 月，《新潮》、《文艺》复刊；同年 8 月，康成与住在镰仓的久米正雄、中山义秀、高见顺等合创《镰仓文库》，设事务所在日本桥白木屋，每日到所办公，半近似 Sal-ary－man。实际上，作者是不能脱离开时代的，文

各界精英

久米正雄

学作品，无论怎么样也离不开时代的背景。但在这个动荡的时代中，康成不同于流俗，所以作品更少了。文坛界有很多人为他担心。可是，这决不是他的消沉，而是孕育着他更大的活力。不久，他的好友相继死去，他一方面吟诵着杜甫的"国破山河在"，哀悼着老友的故去，一方面感到"败战后的我只有重回到日本古来的悲衰中去"了。当他的好友横光利一死去时，他的悲哀到达了极点，但同时他化悲痛为力量，在祭横光利一的吊辞中说："横光君，我要以日本的山河为魂，在你死后活下去……"也许那时在他心之深处，已经坚定了要发扬"日本的美"和要做些什么的决心了。

战后的日本，从政治上来讲，1946 年是一个最重要的转折点。1月，日皇下诏书否定了自己的神格；5 月，远东军事法庭开庭，吉田内阁成立；11 月公布了日本战后的新宪法，日本已经摆脱了惶恐失措，渐渐地摸索出了轨道。在文学的领域里，7 月，日本文艺家协会再次组成。《中央公论》、《改造》于 1 月先后复刊。各种新兴娜也如雨后春笋一般纷纷创刊，比如《世界》、《人间》、《展望》、《近代文学》在 1月，《新日本文学》在 3 月，《世界文学》、《艺林闲步》在 4 月，《群象》、《万绿》在 10 月，《八月》在 12 月等。川端康成除了和他的几位好友经营《镰仓文库》并自任镰仓文库所创刊的《人间》杂志编辑外，在写作上，也恢复了他的春光。继 1947 年完成了《雪国》之后，川端康成从 1949 年又开始写《山音》、《千鹤》、《古都》等几部有分量的长篇作品了。

随着日本战后的重兴和他声望名誉的增长，在作家生活中，川端康

成更展开了多方性的发展与活动。1948 年 5 月起，新润社开始刊行共计有 16 卷的《川端康成全集》。他除了整理他的全集和写作之外，还宣布"日记"和"书简"可任公开活用。6 月，川端康成继志贺直哉之后，接任了日本笔会会长，一直到昭和四十年 10 月辞任为止。在这 17 年的岁月中，他始终站在文学第一线，为日本文学界的发展贡献力量。1949 年，文艺春秋社复活了"芥川赏"，他仍是继任铨衡委员。同年改造社创设了"横光利一奖"，他也应任为铨衡委员。还是这年 9 月，世界笔会第 21 届大会在威尼斯举行，他代表日本在《人间》十月号发表《寄大会》一文。11 月，他受广岛市之邀与笔会的丰岛与志雄，青野季谷等，赴广岛视察原子弹破坏情形。

广岛和长崎原子弹的灾难后果

各界精英

1950 年春，川端康成又与笔会的会员们再去广岛、长崎视察原子弹情形。1953 年被选为艺术院会员。1956 年，匈牙利事件之际，曾以日本笔会会长名义发出声明，同情争取自由而被迫害的人们。1957 年，为出席国际笔会执行委员会，与松冈洋子等赴英国，5 月返日。9 月，国际笔会在东京举行第二十九届大会，川端康成以东道主的身份为大会圆满成功做出了努力，使全世界的作家们对日本作家另眼相看。因此，日本文学振兴会颁发给他"菊池宽赏"。1958 年 2 月，他被选为国际笔会的副会长。至此，川端康成已不仅是日本的川端康成，而是世界的川端康成了。

1959 年 5 月，川端康成又赴联邦德国出席第三届国际笔会，被授予"歌德金牌"。1960 年，法国政府赠予他艺术文化勋章。5 月，受美国务院邀请赴美。7 月出席在巴西举行的第三十届国际笔会，8 月归国。1961 年 11 月，获第 21 届文化勋章。1962 年 6 月，长篇小说《古都》全部脱稿，8 月参加世界和平呼吁七人委员会，11 月《瞳年人》获第 16 届每日出版文化奖。1963 年，财团法人日本近代文学馆创立，任该馆监事。复任艺术院第二部，即文学部部长。1964 年，赴奥斯罗出席第三十二届世界笔会。1965 年辞去日本笔会会长。1966 年，以多年来对日本笔会之功劳，受该会赠以"高田博厚"所塑制之胸像。1967 年，日本文学馆开馆，任顾问一职。8 月任日本万国博览会政府出展恳谈会委员。1968 年 10 月 17 日，以《雪国》、《千雨鹤》、《山音》、《故都》等代表作而获得诺贝尔文学奖。12 月 10 日于瑞典受奖，12 日发表受奖纪念演说，即《日本的美与我》一文。

受奖后，川端康成漫游欧洲，于1969年1月6日回日本，27日受日本国会祝贺。3月至6月赴夏威夷大学讲学，发表《不朽的美》、《美

夏威夷大学校园一景

的存在与发现》。9月14日在三藩市发表《日本文学的美》等等。11月，担任"伊藤整"的文学三团体的葬仪委员长，并在"三彩、增刊梅原龙三郎号"发表《近代美术馆的梅原》《有岛生马选集》的序文《日本文学的自然观点》等。1970年6月，出席在台北举行的"亚洲作家会议"，在京城举行的"第三十八回国际笔会大会"发表祝词。7月，接受汉阳大学的名誉文学博士号。9月，去金泽出席"石川近代文学馆"之秋声展。10月，撰写《川端康成全集》第十四卷的后记等。1971年1月，担任三岛由纪夫丧仪之丧仪委员长（三岛由纪夫系1970年11月剖腹自杀）。4月，应援东京都知事选举竞选的秦野章。9月，

提出世界和平七人委员会的《日中国文回复要望书》。10 月，担任《内田百闲全集》第十卷（谈谈社刊）的编辑委员。12 月被推为"日本近代文学馆"名誉馆长。1972 年 1 月，川端康成出席为庆祝《文艺春秋》创立 50 周年而举办的新年社员见面会，并作了讲演，后以《但愿是新人》为题发表在《诸君》上。18 日，出席了呼吁和平七人委员会会议。3 月 8 日患盲肠炎入院手术，17 日出院。4 月 16 日夜，在逗子的玛丽娜公寓含煤气管自杀身亡。

川端康成去世之后，其家人于 4 月 18 日为其在长谷之自宅举行密葬。5 月 27 日，由治丧委员会长芹泽光治良主持，在青山斋场举行了日本笔会、日本文艺家协会、日本近代文学馆"三团体葬"。由今东光赠予戒名："文镜院殿孤山康成大居士"。从 9 月起，日本近代文学馆主办的"川端康成展——其艺术与生涯展"在全国各地巡回展出。10 月，创设了财团法人"川端康成纪念会"（理事长井上靖）。11 月，日本近代文学馆内开设"川端康成纪念室"。

为了永远纪念这位杰出作家川端康成，财团法人"川端康成纪念会"特别设立了川端康成文学奖，基金为川端康成的诺贝尔文学奖奖金，授奖对象为上一年度完成度最高的短篇小说。该奖至今已举办了 35 届，历史上大江健三郎、丸谷才一都曾获过此奖。

丰田世家辉煌创造

丰田喜一郎出生于 1895 年，其父亲丰田佐吉既是日本有名的纺织大王，也是日本大名鼎鼎的"发明狂"。

丰田佐吉为了发展自己的工厂，将长子丰田喜一郎送到东京帝国大学工学系机械专业读书。大学毕业后，丰田喜一郎来到父亲的"丰田纺织株式会社"当了一名机械师。经过 10 年磨炼，丰田喜一郎升任管技术的常务经理。然而，目光远大的他并不满足于眼前的成就。当他发现汽车能给人们带来极大方便时，立刻预感到这一新兴行业具有广阔的发展前景，决定将其作为自己的事业，他的这一想法也得到了父亲的大力支持。1929 年底，为了将纺织机专利卖给当时势力强大的普拉特公司，丰田佐吉派喜一郎前往英国全权代表自己签订契约。在国外，丰田喜一郎除了完成了父亲嘱托的任务以外，还花费了四个月的时间体验了英国的汽车交通，走访了英、美尤其是美国的汽车生产企业，彻底弄清了欧美国家的汽车生产状况。这次国外之旅给他留下了极为深刻的印象，也更加坚定了他发展自己汽车事业的决心。

不久，丰田佐吉去世，临终前，他将儿子叫到面前，给他留下了作

丰田佐吉

为父亲的最后一句话："我搞织布机，你搞汽车，你要和我一样，通过发明创造为国效力。"他还亲手将转让专利所获得的 100 万日元专利费交给儿子，作为汽车研究启动经费。当时，美国平均每四人就拥有一辆汽车。于是，丰田喜一郎作了这样的构想：如果国内每 10 人拥有一辆汽车的话，1 亿日本人需要 1000 万辆。按汽车的平均使用寿命 10 年计算，每年需要新车 100 万辆；这是一个十分令人神往的巨大市场。当时，他无论如何也不会想到，今天的日本已达到每 3 人拥有一辆汽车的水平，而且还有大量的汽车出口到世界

丰田式汽动织机

各界精英

各国。其汽车总产量多年以前就已超过美国，成为世界头号汽车生产王国。

丰田佐吉去世以后，公司总裁的职位由丰田喜一郎的妹夫（丰田佐吉的上门女婿）丰田利三郎担任。尽管利三郎是一位见识广博的企业家，但却自命清高，脾气暴躁，与丰田喜一郎在许多问题上"政见不同"。1933 年，在丰田喜一郎的一再要求下，他同意公司免费设立汽车部，并将一间仓库的一角划作汽车研制的地点。丰田喜一郎以此为基地，于当年 4 月购回一台美国"雪佛莱"汽车发动机进行反复拆装、研究、分析、测绘。在研究这台发动机的过程中，他逐渐产生了指导日后公司发展战略的认识观点："贫穷的日本需要更为廉价的汽车。生产

丰田第一辆轿车"AA"车型

各界精英

廉价汽车是我的责任。"1933年9月，他着手试制汽车发动机，拉开了汽车生产的序幕。1934年，他托人从国外购回一辆德国产的DKW前轮驱动汽车，经过连续两年的研究，于1935年8月造出了第一辆"丰田GI"牌汽车。在此之前的1934年，他还擅自作主购买了约180公顷土地，积极准备创建汽车厂。丰田喜一郎这一系列举动引起了利三郎的强烈不满，作为上门女婿，他认为能够守住岳父留下的家业就是自己最大的成就，再加上当时许多人认为从事汽车生产具有很大的风险，所以他并不支持丰田喜一郎搞汽车。而丰田喜一郎则不同，他认为厂子是自家的，自己想做什么就做什么，加之父亲要他搞汽车的遗言不时地回响在耳边，所以抱定了他非要从事大规模的汽车生产不可的决心。在意见如此对立的情况下，两人只好分手单干。

利三郎同意丰田喜一郎于1937年8月27日另立门户成立"丰田汽车工业株式会社"，地址在爱知县举田町，创业资金为1200万日元，拥有职员300多人。丰田汽车公司刚刚成立没多久，就遇上了一场几乎使其倒闭的危机。当时，席卷资本主义世界的经济危机强烈地冲击着日本经济，尽管总厂的兴建、设备的引进、原材料的采购等急需大量的资金，但市面上银根奇缺，借贷无门，而初期的投资也已经消耗殆尽，公司几乎已经到了山穷水尽的地步。正在这个危急的关头，侵华战争爆发了，丰田公司与其他许多生产厂家一道被纳入了战时军需工业品的生产轨道，陆军将其所有库存货车一次购光，这才使其摆脱了危机。

丰田喜一郎颇有战略家的眼光，他自一开始组织汽车生产就认识到了要从基础工业入手，着眼于整体素质的提高，使材料工业、机械制

造、汽车零部件业与汽车工业同步发展，为汽车的大批量生产创造了必要的条件，因此，日本人称他是"日本大批量汽车生产之父"。他知道汽车生产所涉及的相关产业较多，它们的发展水平直接影响着汽车的质量，其中又以材料和机器制造两个行业的影响最大。这一点，早在试制发动机时，他就有所发觉了：利用美国进口的钢材生产齿轮，每天可以比较轻松地生产30件，而用日本自己生产的钢材生产齿轮，每天则只能生产12件。如果为提高产量而增加机床转速，会损坏机器夹具。添加设备、多雇职员，又提高了汽车的生产成本。为解决此矛盾，他一面向日本政府提出发展材料和机器制造两个行业的建议，一面在自己的公司里着手开发炼钢和机器制造技术。

各界精英

早期丰田汽车

123

丰田喜一郎对汽车工业的另一项重大贡献在于他对生产过程的科学管理方面。为了确保产品质量，实现大批量生产，他在自己的企业中进行了一系列试验。

丰田汽车

首先，他将全公司的工厂结构进行了调整：将新川工厂改为爱知钢铁公司；将机床生产部改为丰田机械公司；将新川工厂改为爱新精密机械公司；将车身部改为丰田车身公司；将电气安装部改为日本电气安装公司。经过调整，公司实现了自身结构的专业化、合理化、科学化，从而改变了大一统的混乱生产格局，使公司的专业化程度、管理水平、技术水平、生产能力都有了大幅度提高。

其次，他将工厂内部的生产结构进行了调整，使其适合于专业化生产。他以汽车总装厂为中心，把社会上零散的零部件厂组织起来，有计划地把自己的生产需要同他们的技术结合起来，利用外部订货的方法，

各界精英

实行零部件生产的扩散。他将组装汽车所用到的所有零部件分为内制品和外购品两大类，其中，内制品又分为内部制造件（技术难度大，进货价格高者）和准内部制造件，外购品分为一般外部订货（一般商务就可生产）、特殊订货（需要给予技术指导或需要使用特殊设备的零部件）、专门订货（只有使用专门设备才能加工的零部件）三种。

再次，他创出了后来风靡全球的"丰田生产方式"。按照传统做法，铸件、半成品都要先入库，需要时再取货、加工，加工好的零部件每天也要依工厂生产需要办理入库、出库。按照这一程序动作，无形之中加大了库存。丰田喜一郎的创新之处在于他将传统的整批生产方式改为弹性生产方式。按照他的模式组织生产，工人和工厂都可得到好处：工人"每天只做必要的工作量"即可，早做完者早下班，做不完者可加班；工厂无需设置存货仓库，无需占用大量周转资金，许多外购零部件在付款之前就已被装车卖出了。他为推广这一生产方式而喊出的"恰好赶上"口号，经后来的公司副总裁大野耐一进一步发展之后，成为完善的"丰田生产方式"。今天，"丰田生产方式"已超越国别、行业而成为世界许多国家争相学习的先进经验。

1952 年 3 月 27 日，丰田喜一郎患脑溢血去世，终年 57 岁。

丰田喜一郎去世后，接手的丰田英二是丰田佐吉的侄子，"丰田"汽车的发扬光大者，正是他创造了"丰田神话"。1972 年至 1980 年，他连续 8 年被选为"日本汽车工业会"会长，统筹整个汽车行业的事宜，为日本汽车产业的整体发展也作出了重要贡献。

"车到山前必有路，有路必有丰田车"这句话是当年"丰田"汽车

各界精英

125

为打入中国市场而做的一则广告，前半句巧妙利用了中国俗语，后半句却话锋一转，推出了所要宣传的品牌。由此可以看出"丰田"的野心不仅仅是止于中国，而是要扩展到全世界所有有路的地方。不过，事实上今天的"丰田"离这个目标已经不远了，今天的"丰田"是日本汽车业的巨子，也是世界著名的品牌之一，丝毫不逊于"宝马"、"奔驰"等欧美品牌。

这个创造了"丰田神话"的关键人物就是丰田英二，他不是"丰田"的创始人，但却是承前启后的人，是把"丰田"发扬光大的人。

1913年，丰田英二出生于名古屋市西区堀端町。从丰田英二这个名字可以很容易地看出，他在家中排行老二。他哥哥刚生下不久就夭折了，10年后，母亲才生下他，所以全家人都对英二极为宠爱，而小时的英二很聪明也很调皮，没少让母亲操心。丰田英二的伯父就是丰田佐吉。或许是受到伯父的影响，小英二从小就爱摆弄一些小东西，上小学五年级的时候，名古屋地区开始有无线电了，他便立刻着手制作收音机。他买回自己无法做的零件，然后绕线圈，将零件组合起来，制成了一台矿石收音机。他对父亲厂里的蒸汽机引擎也十分有兴趣，每天放学后看大人操作，已知道大概的操作程序。但不论他怎么

丰田英二

各界精英

要求，却得不到大人的允许去接触那引擎，于是他就趁清洗锅炉的时候，不顾大人呵斥，钻进钻出，终于摸清了它内部的构造。

1925 年之后，汽车才开始在日本流行。那时候日本没有自己制造的汽车，都是从欧美进口的。在欧美各国竞销下，日本的汽车数量突然激增。丰田英二念中学的时候，报纸上几乎每天都有汽车广告，那时的他就对汽车特别有兴趣，常常把广告画上的各种汽车剪下来收集，乐此不疲。

就这样按部就班地上完小学、初中和高中，丰田英二考进了东京帝国大学工学部机械制造专业。在此前他的成绩其实并不怎么样，但在读大学时却因成绩优秀而获"韦斯特奖"。

当时，东大学子毕业后大多选择进入政界，但年轻的英二却不想这样，因为他"讨厌做官"，但又不想像父亲那样固守继承的家业，于是他就开始摆弄汽车。恰好此时，伯父佐吉的儿子——丰田喜一郎盛情邀请丰田英二加入他父亲创办的公司，就这样他进入了丰田自动织机公司。

丰田佳右去世后，丰田喜一郎创立了汽车研究室，丰田英二跟着堂兄喜一郎，从此脚踏实地地投入了汽车的开发。他的第一件工作是受命在东京的芝浦"建立汽车研究所，调整造汽车所需的机床"。后来，他做过与汽车有关的各种各样的工作，但全都是与技术有关的工作，譬如分解购进的德国汽车，把有关零部件画成图，以及对东京周围的汽车制造厂家进行调查等。

1935 年，丰田试制成第一辆汽车，它被称为 A 型客车。纺织厂的

同事对这个古怪东西的评语是："简直像个南瓜！"而在路上进行实际试车时，路人看后便捧腹大笑。由于客车销路并不理想，丰田便转向货车，可是虽然新车发布会反应热烈，但售出的丰田车容易出现机械故障，招来了汽车刊物的讥讽，那时流传着一句话："国产丰田，和尚坐禅。"可是面对这些指责和讥笑，作为研发主要人员的英二并不在意，他知道这是自身技术的问题，将来终会有一天会克服的。

1937 年 5 月，丰田英二调入总公司的"监查改良部"，专门负责"逐一解决用户投诉的汽车质量问题"。同年 8 月，丰田汽车工业株式会社正式成立，"丰田神话"由此拉开了帷幕。1945 年，32 岁的丰田英二成为公司最年轻的董事，晋升为常务董事。1949 年 10 月 18 日，丰田英二的父亲丰田平吉去世。丰田英二在最困难的时刻，继承了父亲持有的丰田股份。在经历了大规模的劳资纠纷等考验后，他变得更加成熟起来，并通过自己不懈的努力，最终带领丰田走向辉煌。

从一个喜欢汽车的顽皮少年，到一家国际企业的掌舵人，丰田英二不负前人之托，历经二战、朝鲜战争、关税壁垒等挫折，终于将这个"丰田神话"圆满地完成了。而对于这个伟大又普通的人来讲，他想要的其实很简单，只是一个汽车的梦想——"车到山前必有路，有路必有丰田车"。

夏目漱石与他的创作

　　夏目漱石（1867—1916 年）原名夏目金之助，号漱石。他早年受中国文化熏陶很深，中小学时代就一直在学习汉语，能熟诵唐宋诗词，擅长写汉诗。后又改学英文，在第一高等学校本科学习期间，他与学友正冈子规常在一起谈诗论文。

　　1890 年夏目漱石考入东京帝国大学攻读英国文学，曾有诗文汇集于《木屑录》，写有《英国诗人的天地山川观念》等文章。由于生于江户城（现东京）一个多子女的家庭，两岁时他被送给姓盐原的街道小吏当养子。后因养父母离婚，10 岁时又回到生父身边，21 岁恢复原姓。漱石成名后，养父的无理纠缠仍给他造成了巨大的精神痛苦，这段经历也构成他自传体小说《道草》（1915 年）的基本内容。

　　夏目漱石毕业后，曾先后在东京高等师范学校、爱媛县松山中学和熊本第五高等学校任职。1900 年起在英国留学 3 年。回国后转到东京第一高等学校、东京大学任教，并开始业余创作，相继发表了《我是猫》（1905 年）、《哥儿》（1906 年）和《旅宿》（1906 年）等杰作。

其中，长篇小说《我是猫》（1905 年）的发表使他一举成名。1907 年辞去教职，进《朝日新闻》社当专业作家，在该报发表了《虞美人草》（1907 年）、《矿工》（1909 年）、《三四郎》（1908 年）、《其后》（1909 年）、《门》（1910 年）、《到达彼岸之前》（1912 年）、《行人》（1912 年）、《小心》（1914 年）和《明暗》（1916 年）等长篇小说以及《玻璃窗内》、《回忆种种》等散文、游记和评论。

夏目漱石一生创作了十多部中长篇小说，以及许多诗歌、随笔、评论和短篇小说作品反映的生活面十分广泛，风格也颇为多样。

中篇小说《哥儿》（1906 年）批判了教育界的腐败和黑暗，短篇小说《一百二十天》和《疾风》对明治以来的"文明开化"进行了猛烈

的抨击。长篇小说《三四郎》（1908 年）、《后来的事》（1909 年）和《门》（1910 年），构成了描写知识分子生活的三部曲。小说通过三四郎从山村到东京目睹教育弊病后幻想的破灭；代助不满官商之家却摆脱不了对家庭的依赖，追求自由恋爱却又不堪社会压力的痛苦；宗助追求个性自由和生活幸福不成的悲观和失望，描写了明治时期知识分子的梦幻、追求和失败。小说对知识分子内心活动的描

夏目漱石

写细腻而深刻，受到很高赞誉。

夏目漱石在关心底层生活、讽刺利己主义、痛击时弊陋习的同时，也常在作品中表现出唯美的倾向。比如中篇小说《旅宿》（1906年）就通过画师的眼睛，为我们描绘了一个超凡脱俗的美的世界。它与他的随笔《伦敦塔》《幻影之盾》和《一夜》等作品一样，都充满了浪漫、抒情和梦幻的色彩。其实描写世外桃源的作品和带有强烈批判精神的小说一样，都是作家不满黑暗现实的思想情绪在作品中的一种反映。

晚年，夏目漱石写有长篇三部曲《春分之后》（1912年）、《行人》和《心》，带自传色彩的小说《路边草》（1915年）和未完成的小说《明暗》等作品。与《我是猫》的幽默诙谐，《三四郎》的认真严肃不同的是，这些作品长于剖析人物的心灵，基调低沉，笔力凝重、有力。

在夏目漱石的所有作品中，《我是猫》是他的代表作。小说的主角是一只猫，故事由猫以第一人称"我"的口吻讲述，没有完整的线索，在看似不经意的猫的所见所闻所感的表述中，却鲜明地显示了一个严肃的主题。

猫的主人叫苦沙弥，是一个中学教员，喜欢清静，常常在家用功。他兴趣广泛，但却一事无成。主人常和自己的朋友们——"美学家"迷亭、"理学士"寒月、"艺术家"东风、"哲学家"独仙在一起谈古论今、吟诗弄文，打发时日。一天，资本家金田的老婆为女儿的婚事上门向苦沙弥打听寒月的情况。苦沙弥认为寒月会爱上金田家的小姐简直是笑话，于是有些傲慢，不大理睬她。从此，猫的主人家招来了不少的麻烦。先是车夫老婆传播流言蜚语又哄闹辱骂主人，后是主人的老同学铃木上门规劝要主人少惹事，再是中学生们被唆使在主人家门喧哗吵闹，

使主人肝火大旺。猫来到金田家，听到了金田夫妇的商量，知道这一切都是他们在整主人。

主人仍与迷亭、寒月等一班朋友聚会，在高谈阔论嬉笑怒骂中攻击世道、痛斥资本家的可恶和侦探走狗们的可鄙。主人的学生三平就要和金田小姐结婚了，他来邀请主人参加婚礼，被主人断然拒绝。猫在主人家也觉得沉闷。"人类最后的命运不外乎自杀"，主人的说法大概不错。醉酒的猫想着，不慎掉进水缸，在挣扎中死去。

作品围绕金田小姐的婚事，有力地批判了资产者的骄横和拜金主义者的势利。金田策划安排、兴师动众，最终要苦沙弥"投降"，原因只在苦沙弥冷落了他的老婆。他之所以如此有恃无恐，有让人"生就生死就死的本领"，原因就是因为他财大气粗。而铃木百般巴结金田，卑躬屈膝，趋炎附势，成为金田的暗探和说客，其原因也在于金钱。连猫都看出，"使得世间一切事物运动的，确确实实是金钱。能够充分认识金钱的功用，并且能够发挥金钱的威力的，除了资本家诸君外，再没有其他的人物了。"作品对"鼻子、眼睛都盯在钞票上"、"只要能赚钱，什么事也干得出来"的缺义理、缺人情和缺廉耻的"最坏的人类"作了入木三分的批判。

通过猫的眼，苦沙弥的"执迷不悟"、寒月的不慕时尚、迷亭的玩世不恭、独仙的"大彻大悟"，乃至铃木的自私与势利等，被刻得淋漓尽致。苦沙弥们的嬉笑怒骂中蕴含着对拜金主义社会的嘲讽，对军警侦探等军国主义暴力的痛恨，表现了正直的知识分子们不愿与权贵同流合污清高的品质。与此同时，作品也对苦沙弥们胸无大志、无所事事、孤

芳自赏、故作风雅的弱点加以批评和嘲笑，但这是一种"带有苦艾的余韵的"嬉笑怒骂，蕴含着作者本人的同情、苦闷和悲哀的情绪。作品成功塑造了日本明治时代不满社会现状，但又不能与百姓为伍的中下阶层知识分子群像。

与以往小说相比，该小说形式别具一格，以猫为主角，以猫的一生作为叙事架构（从"我"出生流落苦沙弥家始，到"我"误饮啤酒掉进水缸淹死止），故事结构新颖别致，故事内容流畅生动。在这篇小说中，猫的议论看似东拉西扯，实则形散神不散。猫既起叙述的作用，又起评论的作用，还起到串连故事的作用。独特的构思形成了奇特的魅力，幽默的语言和辛辣的讽刺也反映了日本俳谐文学和英国讽刺小说对作者夏日漱石的影响。

各界精英

学生作家起步的文豪

各界精英

大江健三郎，1935 年 1 月 31 日出生于日本四国岛爱媛县喜多郡大瀬村（今称内子町大瀬），1959 年获东京大学文学部法国文学专业学士学位，大学毕业后即开始写作，1994 年获诺贝尔文学奖。1954 年，大江健三郎考进东京大学文学系，选修教育专业，后改为攻读法国文学。这时他对加缪、萨特、福克纳和安部公房等文学大师的作品非常着迷，他如饥似渴地阅读，并勤奋练习写作。他的习作小说《奇妙的工作》于 1957 年在校刊上发表，接着他的处女作《死者的奢华》和《饲育》又在《文学界》上发表了。从此他走上了文学创作

大江健三郎

道路。

日本另一位诺贝尔文学奖得主川端康成称赞《死者的奢华》显露了大江健三郎的"异常才华"。这部小说也成为了日本文学界最为推崇的"芥川文学奖"候选作品。1993年，大江健三郎创作的长篇三部曲《燃烧的绿树》，获意大利蒙特罗文学奖。1994年，他获得了瑞典文学院颁发的诺贝尔文学奖。

大江健三郎一生创作了很多作品，代表作有：长篇小说《个人的体验》、《性的人》、《万延元年的足球队》等。获诺贝尔文学奖后，他又先后创作了长篇小说《燃烧的绿树》（上下卷）、短篇小说集《迟到的青年》、《论文集》、《小说的方法》等重要作品。他认为自己"文学上的最基本的风格，就是从个人的具体性出发，并将它与社会、国家和世界连接起来"。大江健三郎的每一部作品都是他亲身体验的结果，也都和日本的历史与文化密不可分。有专家认为：他的创作主要是运用存在主义的人的生存本质观念、文学想象力和"介入文学"来表现他的三重生活体验，即童年时代居住在四国森林山谷享受自然乡土的体验、经历日本人民遭受原子弹轰炸悲痛的体验和承受儿子残疾痛苦的体验。这三重体验也成为了大江及其文学的特质。

大江健三郎

大江健三郎的小学生活是在战争年代度过的。战后在县城读高中时，他开始爱上文学，并阅读了马克·吐温的《哈克贝里·费恩历险记》、格拉洛芙的《尼尔斯历险记》。这两部作品对他的影响很大，他曾动情地说过，它们"占据了我的内心世界"。他还利用中学期间的寄宿生活编辑了学生文艺杂志《掌上》。

他的孩提时代是在山村里度过的，祖母和婶母等人，经常给他讲地方历史、口头传说和民俗神话等。通过她们的讲述，他知道了自己的村子，了解了近世祖先为反抗压迫、剥削所进行的斗争。但到学校，他学习的的却变成了社会统一的意识形态，即以天皇为中心的历史和传说。

在战后民主主义和和平思想最为高涨的时代，他从少年成长为青年。他在接受中等和高等教育的同时，也培养了自己的社会觉悟，并自觉地选择了民主主义。

与其他很多反华的日本人不同的是，大江健三郎对中国怀有特殊的情感。1960 年 5 月，他就参加了以野间宏为团长的日本作家代表团访问过中国，与中国作家和人民结下了深厚的友谊，受到毛泽东、周恩来、陈毅、郭沫若和廖承志等国家领导人接见，并参加了北京的万人集会。他还在《世界文学》杂志上发表了特约文章，真诚地表示"我们日本人民向中国人民保证并发誓决不背叛你们，永远和你们保持友谊，从而恢复我们作为一个东方国家的日本人民的荣誉"等。

获得诺贝尔文学奖之后，他经常在许多场合提及日本军国主义者的那段侵华史，提及南京大屠杀，以及日本应对中国进行战争赔款等。几十年中，他一直顶着各方压力，呼吁世人关注南京大屠杀的悲剧，防止

各界精英

军国主义在日本复活；呼吁人们接受中国终将成为具有重要国际影响的强国的现实，承认历史问题，使日本走上真正的民主主义道路。

他曾说："早在孩提时代，我记得母亲非常喜欢中国的文学作品，我最初知道郁达夫这位作家，就是从我母亲那里听说的，因为母亲读过他的作品……"他对中国的政治家、文学家，中国古今文学和中国今后的发展前景及世界格局都颇有见地。

他也非常钦佩鲁迅先生，他曾这样说过·"1960年我去过一趟中国，'文化大革命'结束后的80年代初我又去了一次，都看到了正在发行的鲁迅先生的全集，记得上面还印了鲁迅先生的手迹。我认为在20世纪的亚洲，也就是在这一百年间的亚洲，最伟大的作家就是鲁迅。鲁迅能够在非常

各界精英

鲁迅

短小的篇幅内，融人厚重的内涵和犀利的观点，这很了不起！""希望向鲁迅先生靠近"，把鲁迅作为自己的榜样。

他给予了中国文学极高的评价，认为中国文学自有个性，它与一种非常博大、悠久和具有强大生命力的传统有着密切的联系，并认为较之与日本文学相比，中国文学更具有世界性，更应当被称之为世界文学。

在他看来，中国文学起点很高，无论古代还是当代。他说中国作家没能获诺贝尔文学奖是不公平的，并"希望中国能多出诺贝尔文学奖的获得者"。

在大三健三郎的创作生涯中，有三段经历不得不提，也正是他的这三段经历成为了她后来探讨人类生存愿望的根源，它们也是他在进行文学创作时取之不尽的源泉和永恒的主题。第一段经历是他曾生活于森林庄的自然环境中，对于童年时代的他来说，森林中的自然绿韵、鸟语花香成了哺育他的摇篮，也永远留存在了他的记忆中。

第二段经历则是关于他的儿子光的。

大江健三郎的第一个孩子是脑功能障碍儿，他给这个孩子取名光。光一出生就处于濒死的状态，整天躺在特殊的玻璃箱里。面对这个毫无生存希望的初生婴儿，大江曾经对光的生与死作过痛苦的选择。他每天都去医院隔着玻璃窗探视，望着孩子的脑袋、脸，他想起哲人埃利亚代的话："人类生存是不可能被破坏的"，于是坚定了一种想法："既生之则养之"。几个星期过去了，婴儿仍然顽强地活着。于是他在直面了痛苦的自觉之后，接受了这个孩子存在的事实。

光虽生存下来，但幼年的他听不懂人类的语言。他6岁那年，大江带他去山中森林，他听见从林间传来鸟声，竟对鸟儿的欢鸣作出了意想不到的反应，第一次用人类的语言说出："这是……水鸟"。大江在欣喜之余，也从光身上看到了希望，开始全身心地培养光学习作曲，让他把小鸟的歌声与人类所创造的音乐结合。在父亲的悉心教导下，光逐渐成长为一个作曲家。大江由此感受到儿子为自己实现了自己幼时的能够

听懂鸟类语言的预言。这个"可悲的小生命"诞生时发生的意外，以

大江健三郎　　　　　　　　大江健三郎

各界精英

及从光的音乐中感受到的"阴暗灵魂的哭喊声"，也成为了大江健三郎文学生涯的一个很重要的组成部分。

　　第三个经历就是日本遭原子弹轰炸的惨痛教训。从光诞生的那天起，大三健三郎曾多次到广岛调查遭受原子弹爆炸的惨状，亲眼目睹了原子弹爆炸的受害者长年在死亡的威胁下的痛苦而又艰难的生活。于是他通过"广岛"这个透视镜，把即将宣告死

大江健三郎

亡的"悲惨与威严"的形象一个个地记录了下来，写成了随笔集《广

岛札记》，向读者提出这样一个问题：人类应如何超越文化的差异而生存下去。

　　值得一提的是，大江健三郎在以存在主义的创作方法来表现他的这三段经历的时候，又尽力发挥了日本传统文学的丰富想象力、日本古老神话的象征性和纯粹的日本式语言和文体的特色。经过几十年的辛勤笔耕，大三健三郎终于完成了存在主义的本土化，并最终从日本走向世界，于 1994 年荣获诺贝尔文学奖。

各界精英

东 大 华 人

东大第一位女教师冰心

我们大家熟知的冰心女士曾于 1946 年在日本东京大学中国文学系任教，她曾说过东京大学给她留下了深刻的印象。

冰心（1900—1999 年），曾用名谢婉莹，福建长乐人，笔名悲君、婉莹、男人、冰心等，1900 年 10 月 5 日出生于福州隆普营一个具有爱国思想的海军军官家庭。当她还是个褓褓中的婴儿时，便跟随父母离开福州到山东烟台。冰心在烟台居住了 8 年的时间，度过了她快乐而幸福多彩的童年。冰习把烟台称为她的第二故乡，烟台的海与山，水兵与灯塔，影响了冰心"海化"的性格和爱国主义思想和形成，也给了她最初的文学启蒙。

儿时的冰心没有上过学堂，只是在私塾里当个附读生，但 7 岁的她已开始阅读《三国演义》、《聊斋志异》、《西游记》与《水浒传》。辛亥革命爆发前，冰心的父亲谢葆璋辞去海军军校校长的职务，全家回到福州，冰心进了福建女子师范学校预科。1913 年冰心随家到了北京并于次年考取教会学校北京贝满女子中学，1918 年升入协和女子大学理科，之后由于过多宣传工作而不得不"弃理从文"。

　　应该说，冰心是被五四运动的的热潮"震"上文学舞台的。自从在《晨报》发表了题为《二十一日听审的感想》的文章后，她又陆续在《燕大季刊》、《生活》、《小说月报》等杂志上发表了120多种反映社会问题的文章、小说。1923年，冰心从燕京大学毕业，获得文学学士学位及金钥匙奖，同时得到去美国威尔斯利女子大学深造的机会。在美国就学期间，她以散文通讯的形式写下了《寄小读者》，并寄回国，告诉家人她在美国的所闻所见。这些信件被公开出版后深受国内儿童的喜爱。1926年冰心从美国威尔斯利女子大学研究院毕业，获硕士学位。回国后任北京燕京大学、清华大学、北平女子文理学院讲师，并任国民参政会参政员。抗战期间任新生活运动妇女指导委员会文教委员会主任委员、国民参政会参政员，辗转于昆明、重庆等地，在各大学任教。

　　1951年从日本回国后，冰心长期从事文学创作，历任中国作协理事，全国文联副主席，全国妇联执委，中国儿童和少年基金会副会长等。抗日战争爆发后，冰心曾于1952年与1955年两度随赴印访问团到印度，促进了中印两国人民的友好关系。冰心一直非常关心中

冰　心

东大华人

国社会的发展，直到年逾花甲、生病卧床时还不忘写一些小短文反映社会问题。1956 年 7 月，冰心加入民进党。1979 年 10 月、1983 年 11 月先后当选为民进第六、七届中央副主席。1988 年 11 月后，当选为民进中央名誉主席。曾当选第一至五届全国人大代表，第五至七届全国政协常委，第八、九届全国政协委员。著有《寄小读者》、《再寄小读者》、《三寄小读者》、《冰心小说散文集》、《冰心全集》等，译作有《先知》，泰戈尔的《吉檀迦利》、《园丁集》等。

冰心是我国五四以来的著名女作家，她的丈夫吴文藻是我国著名社会学家和民族学家。他们是风雨同舟、患难与共 56 年的恩爱夫妻。冰心在 80 高龄的时候曾风趣地向别人讲述了他们的恋爱经过。

1923 年，她在燕大女校以优异的学习成绩得到了"斐托斐名誉学会"的金钥匙奖，并得到了燕大女校的姊妹学校美国威尔斯利大学研究院的奖学

冰心与吴文藻

金，赴美留学。而吴文藻先生则是 1922 年以优异成绩毕业于清华学堂，去美国纽约哥伦比亚大学研究生院深造。

8 月中旬，他们同时由上海乘约克逊号邮船赴美留学。

当时的冰心已是文坛小有名气的青年作家，尽管有不少小伙子热情写信追求她，她却一个也不谈。在船上，忽然有几位女同学大惊小怪地告诉她：在这条船上有一个清华男生，个子高高的，走路都扬着头，不理睬人，可神气啦。听说人家给他介绍过好几位女朋友，他一个也相不上。咱们去看看怎么样？这话引起了冰心的好奇心，她赞成一起去见识见识。

见面之后，冰心发现对方果然是仪表堂堂、十分高傲。于是，冰心也不甘示弱，大大方方和他攀谈起来。她发现小伙子和她很谈得来，言谈之间那傲气全无踪影。将近半月的船上旅行生活，使他俩建立起了深厚的友谊。但踏上美国国土后，他们分赴两个学校，各奔东西了。

后来，这个骄傲的小伙子，隔几天便给她寄一本文艺杂志。过了一段时间，杂志里面会夹一个小条。再过些天，小条变成了宽条，上面用英文书写得整整齐齐。再过若干时候，吴文藻写来了信，投来了情书。冰心发现他是真诚的，便也呼应起来。往返的书信，密切的来往，使这一对远在异乡的年轻伙伴，渐渐地由相知而相爱。

终于，在 1926 年冰心女士于威尔斯利大学研究院毕业并取得文学硕士学位返国时，捎上了一封吴文藻向她的正式求婚信件，这是要呈报冰心父母亲的。不过，这封信是经过她修改过的。后来，冰心与吴文藻博士于 1929 年结婚。此后他们一直风雨同舟，相敬如宾，生下了一男

东大华人

二女，可谓美满幸福。

不料，1957 年风云突变，吴文藻先生被错划为右派，冰心同志陷入了极度痛苦之中。正在这时，周恩来总理知道了这件事，就和邓颖超一起把冰心接到了家里。总理语重心长地对冰心说："吴先生的事，现在需要的是你关心他，帮助他，而不是别的。这，就要看你的啦……"这亲切的话语给了处于困惑中的冰心极大的温暖和鼓励，也给她留下了难以磨灭的记忆。

后来，吴文藻先生的错划问题彻底平反后，他们夫妻之间变得更加相亲相爱，相敬如宾，生活也更加幸福了。

30 年代的冰心和吴文藻

冰心和吴文藻先生都是一样的不服老，他们不间断地从事着写作和学术研究，晚年的生活可谓丰富、和谐、充实、快乐。不幸的是吴先生于 1985 年 9 月 24 日，先冰心而去了。好在冰心同志的子女都很忠厚、孝顺，还有她的许多老朋友、新朋友、小朋友，也都常来常往，使她的心境慢慢好了起来，精神也焕发起来。她常说，人，活着，就要做事，

东大华人

为孩子们，为后人。

冰心不仅是中国现代文学史上杰出的文学家、作家和诗人，而且是一位成果颇丰的翻译家。她一生的各个时期都没有停止过翻译，可以说冰心是在 20 世纪初翻译文学的哺育下成长起来的：7 岁时因给兵船上的士兵们讲《三国演义》的故事得来许多翻译小说，如《孝女耐儿传》《滑稽外史》《块肉余生述》。10 岁时从祖父的书架上捡起林纾先生译的法国作家小仲马写的《茶花女遗事》看。后来，又寻来了严复译的英国名作家斯宾塞写的《群学肄言》与穆勒写的《群已权界论》。即使在后来文学创作工作非常繁忙的时候，她仍未停止过翻译实践。

冰心的翻译是双向的，她不仅把一些中文的作品译成英语，而且也把外国作品译成中文。早在威尔斯利女子大学攻读硕士学位的时候，她就选择了翻译作为硕士研究生学习的研究方向，甚至毕业论文的题目就是"李易安词的翻译与编辑"的。不过，她的大部分译作都是英译汉，她的第一部英汉翻译作品是纪伯伦的散文诗《先知》（1931 年）。1955年至 1965 年间是冰心的翻译高峰期，她先后翻译了来自 8 个国家的 50多部作品，包括诗歌、诗剧、民间故事、书信、小说、散文诗等 7 种形式。这些作品几乎都源于东方国家，其中有纪伯伦的《沙与沫》（1963年）；泰戈尔的《吉檀迦利》（1955 年）、《园丁集》（1961 年），诗剧《暗室之王》《齐德拉》，书信《孟加拉风光》，小说《喀布尔人》《弃绝》等（1956 年）；印度的穆·拉·安纳德的《石榴女王》；印度萨洛季妮·奈都的诗选；加纳的以色列·卡甫·侯的诗歌《无题》；美国尼姆·威尔士的诗歌《古老的北京》；朝鲜元镇宽的诗歌《夜车的汽笛》；

马耳他总统安东·布蒂吉格的《燃灯者》。晚年，她还与老伴吴文藻先生一起参加了《世界史》和《世界史纲》的翻译工作。

冰心从中华民族伟大复兴的高度出发，非常关心下一代的成长，热爱儿童，热爱儿童文学，拥有一颗充满激情燃烧的童心爱心。她代表了20世纪中国儿童文学的第一代作家队伍，主要活跃在五四前后与二三十年代，这批作家中除了她以外，还有叶圣陶、茅盾、郑振铎、赵景深等。这一代作家的重要贡献和特殊成就体现在开创中国现代儿童文学的局面：他们引入新的观念，比如儿童本位论；创造新的文体，比如

冰心、吴文藻及他们的儿女

艺术童话、儿童小说、儿童诗。最重要的是他们贡献出了整个20世纪比较经典的文学作品，同时开辟了"直面人生"、帮助儿童"认识人生"的中国儿童文学现实主义创作道路。其成就集中体现在20年代文学研究会作家群的"儿童文学运动"，比较经典的作品有以叶圣陶《稻草人》为代表的童话创作，以冰心《寄小读者》为代表的散文创作。他们还在儿童诗、小说等方面进行了很多的探索和实践，有些作品一直

东大华人

149

影响到 21 世纪。他们的创作倾向与兴趣在于关心现实人生、关心人性的问题、关心社会的问题。

从整体上说，中国 20 世纪儿童文学的开局就是大手笔。这批作家也成为了中国现代文学的奠基者和创造者之一，冰心女士更是他们的代表，值得我们永远纪念。

东
大
华
人

作家郁达夫

　　郁达夫（1890—1945 年），现代小说家、散文家。原名郁文，浙江富阳人。1896 年 12 月 7 日。父郁士贤曾为塾师兼中医，后在富阳县衙当小职员。郁达夫 3 岁丧父，家道衰贫。7 岁开始在家乡启蒙教育，继到嘉兴、杭州等地求学。1913 年即随长兄郁华赴日本学习，1922 年毕业于东京帝国大学经济学部。郁达夫从少年时代起就爱读小说、戏曲，对中国古典诗文和小说戏曲有深厚兴趣，在日本留学期间又广泛涉猎了外国文学，深受近代欧洲、日本各种社会思潮和文艺作品的熏陶，慢慢走上了文学创作的道路。

郁达夫

东大华人

1921 年，他和郭沫若、成仿吾等发起成立创造社，同时创作了新文学最早的白话短篇小说集《沉沦》，1923 年又完成第 2 本小说集《茑萝集》。这两部小说的出版，震惊了国内文坛。在此期间，他还参加了《创造》季刊、《创造周刊》、《创造日》的编辑工作，并先后在安庆政法学校、北京大学任教。1925 年又到武昌师范大学文科教课。1926 年 3 月，同郭沫若赴广州，在中山大学任教，同年 12 月回上海编辑《洪水》半月刊和《创造月刊》，并主持创造社出版部事务。

郭沫若

这一时期，郁达夫的思想比较激进。1927 年 1 月，他在《洪水》半月刊上发表《广州事情》一文，揭露广州政府的窳败。3 月，又发表《在方向转换的途中》一文，认为第一次国内革命战争是"中国全民众的要求解放运动"，"是马克思的阶级斗争理论的实现"，他敏锐地感到隐藏在革命阵营内部的叛卖革命的危机，指出"足以破坏我们目下革命运动的最大危险"，是"封建时代遗下来的英雄主义"。《广州事情》一文的发表，引起创造社内部的不同意见，复因整顿创造社出版部事务产生纠纷，郁达夫于 1927 年 8 月脱离创造社。同年秋，担任革命政论性刊物《民众》的编辑工

作。1928 年 6 月，郁达夫与鲁迅合编《奔流》月刊，又主编《大众文艺》，并与钱杏一起为中国革命济难会编辑文艺性半月刊《白华》。

1930 年 2 月，中国自由运动大同盟成立，郁达夫是发起人之一；3 月，参加中国左翼作家联盟；1933 年初又加入宋庆龄、蔡元培主持的民权保障同盟。在蒋介石政府白色恐怖威慑下，是年 4 月他举家由上海移居杭州，开始过着流连山水的隐居生活，政治上一度表现消沉。1936 年 2 月，就任福建省参议兼公报室主任。后来，随着抗日救亡运动情绪的高涨，郁达夫又振作起来，重新投入时代的洪流。1936 年冬，应日本各社团及学校之聘去东京讲学，向日本朝

蔡元培

野人士力陈侵华之非计；并专程探望在日本逃亡已近 10 年的郭沫若。1937 年抗日战争爆发后，郁达夫奔赴武汉参加国民政府军事委员会政治部第三厅的抗日宣传工作。1938 年末，由于国内政治气氛的逐渐逆转及家庭发生变故，他客居南洋，在新加坡任《星州日报》副刊编辑，并任《华侨周报》主编，在海外坚持进行抗战宣传工作。1941 年 12 月太平洋战争爆发后，他参加了华侨文化界的抗日工作。日军逼近新加坡

东大华人

后，他撤退到荷属小岛石叻班让，后又辗转到苏门答腊的巴爷公务，在该地以办酒厂为掩护，化名赵廉隐居下来。不久，为占领印尼的日军胁迫，到武吉丁宜日本宪兵部当翻译约达七八个月之久。在此期间，他暗中帮助和营救了不少印尼人民和华侨，且获悉了日本宪兵部许多秘密罪行。1945 年日本宣告投降后，在 9 月 17 日被日本宪兵部秘密杀害于武吉丁宜近郊荒野中，终年 49 岁。

郁达夫故居

郭沫若先生对他的牺牲感慨万分，他说："英国的加莱尔说英国宁肯失掉印度，不愿失掉莎士比亚"；我们今天失掉了郁达夫，我们应该要日本的全部法西斯头子偿命！"

1952 年经中央人民政府批准，追认郁达夫为革命烈士。郁达夫的

一生，胡愈之先生曾作这样的评价："在中国文学史上，将永远铭刻着郁达夫的名字，在中国人民法西斯战争的纪念碑上，也将永远铭刻着郁达夫烈士的名字。"

郁达夫的第一本、也是我国现代文学史上的第一本小说集《沉沦》，被公认为是一部惊世骇俗的作品。《沉沦》的主人公"他"是一个日本留学生，因为追求自由和个性解放，反抗封建专制，被学校开除，为社会所不容。他以青年人所特有的热情渴望和追求真挚的友谊与纯洁爱情，但因受"弱国子民"身份的拖累，这种热情受到侮辱和嘲弄，在异国他乡感到非常孤独和空虚，最终患上了抑郁症。

他不甘沉沦，但又不可自拔地沉沦下去，在彷徨失措中，来到酒馆妓院，毁掉了自己纯洁的情操。事情过后又自悔自伤，感到前途迷惘，最后在绝望中投海自杀。他在异国的遭遇，与祖国民族的命运密切相连，因而他在自杀前悲愤疾呼："祖国呀祖国！我的死是你害我的！你快富起来，强起来吧！你还有许多儿女在那里受苦呢！"

小说强烈地表达了一代青年要求自由解放、渴望祖国富强的心声，在处于半封建半殖民地屈辱地位的中国青年中引起同病相怜的强烈共鸣。

刘海粟在《漫论郁达夫》中评说：他憎恨无爱的人生，犹如厌弃无花的沙漠。在黑沉沉的铁屋里他带着觉醒后的悲愤和惶惑，大喊过爱的饥饿，反抗压在青年们头上的封建层岩，反抗冷漠、愚昧、狡诈、贫困的旧时代。他从不同流合污，只是面对严酷的现实，在看不到光明的时候，绝望颓唐之情不断来冲袭他。然而，作为抗菌素的现实主义精神

又不断地诱导他穿过沼泽，走向坚实。易森在《郁达夫，一个不该被冷落的名字》一文中说：他的作品中透露出一种真挚，似乎还有一个及其虚弱的声音在向你求救，那是灵魂的无奈在低吟浅唱。在他优美而极富才情的文字背后，是一种不加修饰的原始美。有人批评他用语有时未免繁琐和重复，其实这是他内心袒露所必需的一种表达。与那些刻意追求谋篇布局的人相比，他的作品更像是一幢残缺而唯美的建筑。

郁达夫一生为新文学的发展和民族解放事业作出了不可磨灭的贡献。他的早期作品反映了中国留日学生身在异乡的屈辱生活，以及回国后又遭到社会歧视，为个人生计备受颠沛流离之苦的境遇，深刻描写了当时青年处于军阀统治下在黑暗现实中找不到出路的苦闷心理。《沉沦》、《茫茫夜》、《茑萝行》以及《采石矶》等小说问世后，引起广大青年读者的强烈共鸣。这些作品中充满了感伤情调和变态性心理的描写，当时被认为有"颓废派"的倾向，但总的说来具有反帝反封建的时代色彩，反映了一定的历史真实。他在思想上、创作上受到卢梭、赫尔岑、屠格涅夫、陀思妥耶夫斯基以及日本作家葛西善藏、谷崎润一郎和佐藤春夫等影响，主张"文学作品，都是作家的自叙传"，侧重从主观内心世界出发，表现自我的真挚感情。因此他的作品在倾诉对旧社会的反抗情绪以及反映青春期的苦闷心理方面，充满大胆的自我暴露手法和浓厚的抒情色彩，使他在小说创作上成为前期创造社浪漫主义倾向的突出代表，并且为一些后起作家所仿效。正是受到了他的这种影响，在20年代新文学的发展过程中形成了一种以抒情笔调写小说的艺术流派。

从1923年到1927年间，他还写了《春风沉醉的晚上》、《薄奠》

淞沪战争

和《微雪的早晨》等他自认为"多少带有一点社会主义的色彩"的小说。但即便是在参加进步文学活动最活跃的时期，他仍然于1927年写了《过去》、《迷羊》等刻画病态心理的短篇小说和中篇小说。1932年，他发表了《她是一个弱女子》（后改名《饶了她》），小说反映了从五四经过第一次国内革命战争到1931年日军在上海发动淞沪战争期间，在社会大变动中的三个女性知识分子的分化和遭遇，并控诉了日军侵华的罪行。同年末又发表了在思想上艺术上最具有他晚期创作特色的小说《迟桂花》。1935年，他发表了他写作生涯中最后一篇以第一次国内革命战争为背景的具有现实主义精神的小说《出奔》。以后，他主要以写作游记、随笔等散文小品为主，如《钓台的春昼》、《移家琐记》及《寂寞的春潮》等，以闲适的笔调寄托自己感时忧国的心情。和小说一

样，他的散文表现出直抒胸臆的率真，行文跌宕多姿，宛如行云流水，很有艺术魅力。晚年时期，他主要写旧体诗抒发爱国情感，其中《毁家诗纪》、《离乱杂诗》曾被海内外文坛广为传诵。而且在新文学作家中，他也是以擅长写作旧体诗著称的。

郁达夫文如其人，他的那些充满了浪漫主义感伤色彩的小说、散文和诗歌，既反映了他本人坎坷的生活道路和曲折的创作历程，也表现出五四以来一个复杂而不平常的现代作家鲜明的创作个性和独特的艺术风格。他以一种单纯的抒情方式在作品中解剖自己、分析自己、鞭挞自己，使这些作品充满了强烈的艺术感染力量。郭沫若曾指出："他那大胆的自我暴露，对于深藏在千百万年的背甲里面的士大夫的虚伪，完全

竹林七贤

是一种暴风雨式的闪击，把一些假道学、假才子们震惊得至于狂怒了。为什么？就因为有这样露骨的真率，使他们感受着作假的困难。"他也同意李初梨所说，"达夫是模拟的颓唐派，本质的清教徒"，并把郁达

东
大
华
人

夫的性格特征和思想品质概括为"卑以自牧"(《论郁达夫》《再谈郁达夫》)。

郁达夫才华洋溢，具有浓厚的诗人气质。他虽身为五四新文学健将，思想上属于激进的民主主义，但在文学创作上接受了不少 19 世纪末欧洲文学的影响，本人又始终没有完全摆脱中国旧式传统文人的积习，深深沾染了中国古代士大夫如阮籍、刘伶等竹林七贤那种"放浪形骸之外"的处世态度。他的生活和创作都因此而包含了深刻的矛盾。他的全部著作反映了在中国革命的长期性、复杂性和曲折性的特定历史条件下，一个富有才能、力求进步的知识分子艰苦的思想历程，反映了一代知识分子普遍的苦闷心理和关于人性解放的强烈呼声。胡愈之曾这样评价他："他的伟大就是因为他是一个天才的诗人，一个人文主义者，也是一个真正的爱国主义者。"(《郁达夫的流亡和失踪》)

爱国志士成仿吾

成仿吾是我国著名的作家、文艺理论家和教育家。他于 1897 年 8 月 24 日出生在湖南新化县一个知识分子家庭，在祖父和父亲博览群书的好学家风影响下，他自小就养成了自觉学习的好习惯。他既聪明又刻苦，所以学习成绩总是名列前茅。13 岁时，成仿吾随大哥到日本读书。在同学们还在努力学日语时，他已完全掌握了日语，开始学习英语。在同学们学英语时，他又开始学德语了。经过一辈子的艰苦努力，成仿吾精通了日、英、德、法、俄五种语言。在日本，随着年龄的增长，成仿吾的学习目的也更加明确了。为富国

成仿吾

强兵，成仿吾考进东京帝国大学造兵科，攻读枪炮专业。他不仅学语言很有天分，数理化也非常好，在当时的留学生中是有名的天才。但帝国主义侵略中国的暴行，北洋军阀屈膝投降的罪恶行径，使成仿吾认识到救国不能仅仅靠科学技术，更重要的是要提高群众的政治觉悟，要发动人民大众起来改造旧中国。

五四运动后，成仿吾主要从事反帝反封建的革命文化活动。1918年开始和郭沫若、郁达夫等人在日本从事文学活动，筹办"创造社"。1921年与郭沫若、郁达夫等在东京成立中国新文化运动的重要文学团体"创造社"，后放弃在帝国大学即将进行的毕业考试，回国投身新文化运动。同年7月，同郭沫若、郁达夫等人一起，在上海发起成立"创造社"，先后编辑出版了《创造季刊》、《创造周刊》、《创造日》、《洪水》、《创造月刊》、《文化批判》等多种文学刊物，并发表了许多论文、小说和诗歌。他参与创办了多种文学刊物，翻译撰写了许多论文、小说、诗歌，成为五四时期颇有影响的文学家。十年内战期间，创造社等革命文艺团体与鲁迅共同结成中国左翼作家联盟，从事马克思主义革命文艺运动。

1924年，成仿吾离沪到广州，被广东大学（中山大学）聘为理学院物理和德语主任教授。10月，长兄劭吾殁，专程扶兄灵柩回湖南新化老家安葬。1925年加入中国国民党，并赴任广州大学教授、兼任黄埔军校政治教官。大革命失败后，发表了《从文学革命到革命文学》等重要论文，运用辩证唯物论和历史唯物论的观点来分析文学发展的方向和中国革命应走的道路，开始向无产阶级文学思想转变。后被迫

东大华人

出国。

1926 年，成仿吾回到广州，仍任广东大学理学院教授，同时担任"创造社"广东分部主任。6、7 月间，任黄埔军校入伍生部政治教官，兼兵器研究处代处长。1927 年 7 月，受军校代校长方鼎英的派遣，出国采办军用器材，经上海去日本，年底回国。1928 年为了深入学习马克思主义，离开上海途经日本、苏联赴欧洲，在巴黎加入中国共产党，并负责编辑中共柏林、巴黎支部的机关刊物《赤光》。1929 年由巴黎移居柏林，仍负责《赤光》的编辑工作，随德国党的理论家海尔曼·冬克学习马恩德文原著，并第一次翻译《共产党宣言》。1931 年秋，由欧洲回到上海。10 月底赴鄂豫皖根据地任省委宣传部长、省苏维埃文化委员会主席和教育委员会主任，兼任红安中心县委书记。1932 年起草《鄂豫皖省苏维埃文化委员会决议案》。

1933 年，他受省委委派到上海向党中央汇报工作。1934 年 1 月，到江西瑞金参加中华苏维埃第二次全国工农兵代表大会，被选为中华苏维埃中央政府委员。会后到中宣部任职，并担任马克思主义学校（中央党校前身）高级班的教学工作。10 月，开始长征，在长征中，担任干部团政治教员。1935 年 10 月，胜利到达陕北，任中央党校教务主任。1936 年，成仿吾在陕北保安中央党校接待来访的记者斯诺，斯诺后来在他的《西行漫记》中介绍成仿吾时说："他是一个著名的文学批评家。"

1937 军 1 月，中央党校随中央迁入延安。七七事变后，党中央决定成立陕北公学，成仿吾被任命为陕北公学校长。1938 年，他同徐冰

合译了《共产党宣言》。1939 年陕北公学与鲁迅艺术学院等校合并，成立华北联合大学，他又被任命为华北联大校长，带领联大师生到晋察冀边区敌后办学。1943 年，他被选为晋察冀边区第一届参议会议长。1944 年去延安，准备参加党的第七次代表大会。1945 年作为晋察冀边区的代表出席党的第七次全国代表大会。日本投降后，他随晋察冀边区政府一起到张家口。1946 年兼任大型综合文化半月刊《北方文化》主编。9 月，由于国民党发动内战，华北联大撤离张家口，到晋北广灵县农村。1947 年 7

校长成仿吾 1940 年于山西

月，参加中共中央工作委员会在河北西柏坡召开的全国土地会议。11月，石家庄解放，华北联大迁到石家庄附近的正定县城。1948 年华北联大与北方大学合并成立华北大学，任副校长。8 月，华北人民政府成立，被选为政府委员。1949 年 2 月，北平解放，到北平为华北大学选定新校址。7 月，出席中华全国文学艺术工作者代表大会被选为主席团成员。9 月，作为教育工作者首席代表出席中国人民政治协商会议第一届全体会议。

中华人民共和国建立时，毛泽东曾问过成仿吾："建国后你愿做政

东大华人

府工作还是学校工作?"他不迟疑地说:"还是做教育工作好。"1949年12月,成仿吾任中国人民大学副校长,兼《人民教育》编委会主任。他结合陕北公学、华北大学等校的经验,注意政治理论课的建设,为全国高校作出示范。在教学上,他又提出学习马列主义理论必须联系中国革命实际的原则。

1952年10月,他任东北师范大学校长兼党委书记,到长春工作。1953年率东北师大代表团赴北京出席第一届全国师范教育会议,同时参加教育部《关于改进和发展高等师范教育的指示》的起草工作。同年当选为中共吉林省委委员。1954年当选为全国人民代表大会代表,出席第一届全国人大参议。1955年作为中国访日代表团成员,赴日本广岛出席"禁止原子弹和氢弹保卫世界和平大会"。1956年2月,出席在北京召开的中国亚洲团结委员会,当选为委员。3—4月,出席第二次全国高筹师范教育会议,讨论高等师范教育十二年规划。8月当选为党的第八次全国代表大会代表,出席党的"八大"会议。1957年以全国人大代表身份,视察中学的政治理论课。1958年5月,出席党的"八大"二次会议。8月,离长春赴青岛,任山东大学校长兼党委书记,10月,组织山东大学人员由青岛迁往济南。1959年4月,当选为第二届全国人大代表,赴京出席第一次会议。10月,受教育部的派遣,赴德意志民主共和国,参加卡尔·马克思大学校庆。途经苏联,参观莫斯科大学和列宁格勒大学。1960年2月,接待苏联高教部长叶留金率领的代表团来山东大学参观访问。5月,毛泽东主席到济南视察,应邀同毛主席会面。10月,以全国人大代表身份,视察广西、湖南等地的教

育工作。11 月，赴京参加中央文教小组召开的全国文教工作会议。

莫斯科大学

1961 年 7 月，赴京参加教育部高等学校调整工作会议。10 月开始，在全校认真贯彻"高校六十条"。1962 年 2 月，到徐州、郑州、长沙、桂林、南宁等地视察，沿途多次向教育界发表有关教育问题的讲话。1963年到江苏省视察南京、常州、无锡、苏州等地师范院校和部分中学，应邀向江苏中学校长、教务主任作《关于教育方针》的报告。11 月，在全国人大三届四次会议上作《关于目前普通教育工作的若干意见》的发言。1964 年 5 月，在山东省中学和师范学校校长学习班上，作《有关教育方针的几个问题》的报告。1965 年作《论教育方针》一文，阐明对教育的基本看法。1966 年 3 月，参加高教部在济南召开的会议。5月 16 日以后，"文化大革命"开始，不久即靠边站、挨批斗。1967—

1969 年被加上种种"莫须有"的罪名，遭受残酷迫害。

1970 年，成仿吾开始酝酿写《长征回忆录》。1972 年毛泽东主席看到山东报送的老干部名单时，在成仿吾名字下批示："此人来北京"。中组部根据批示，调成仿吾到北京等候安排工作。1973 年，因"四人帮"把持的中组部迟迟不给安排工作，他又返回济南继续撰写《长征回忆录》。1974 年 7～8 月，他写信给毛泽东主席，提议愿从事马克思、恩格斯原著的校译工作。毛主席同意并批示：调成仿吾来北京，在中央党校或社会科学院安排一个位置，配几个助

长征途中的成仿吾

手，专门进行这一工作。9 月到北京，住中组部招待所，着手重译《共产党宣言》。年底任中央党校顾问，迁入中央党校院内。1975 年主要从事马克思、恩格斯原著的校译工作。

1976 年 10 月，"四人帮"被粉碎，他高兴地说："我一直深信这一

天总会到来，它终于来了。"1977 年 3 月，任中央党校党委常委，参与

1934 年 4 月至 10 月，成仿吾工作过的瑞金中央党校旧址。

学校的领导工作。10 月，他所著的《长征回忆录》由人民出版社出版，后又出日、英文版。1978 年，出席第五届全国政协第一次会议，被选为政协常委。又作为山东省选出的人大代表出席全国五届人大第一次会议。4 月，开始进行中国人民大学的恢复工作。7 月，中央任命为其中国人民大学校长兼党委书记，使被"四人帮"解散 8 年之久的人民大学得以正式恢复。是年秋，以 81 岁高龄冒雨登上八达岭长城。1979 年元旦，出席政协全国委员会举行的会议，表示坚决拥护全国人大常委会的《告台湾同胞书》，要为祖国统一大业而同心协力，共同奋斗！12 月，成仿吾离京到武汉等地参观调查。

1980 年 1 月，成仿吾从武汉到广州参观调查，并开始撰写《战火中的大学—从陕北公学到人民大学的回顾》。1981 年春，着手写《记叛

东 大 华 人

徒张国焘》。夏，校译《反杜林论》。被推选为中共党史研究会顾问、北京市国际共运史学会会长。1982年5月，到鄂豫皖根据地红安、新集、长冲等旧址参观访问。6月，被选为中国翻译工作者协会名誉会长。9月，出席党的第十二次全国代表大会，当选为主席团成员和中央顾问委员会委员。1983年3月，主持《成仿吾教育文选》的编辑工作。6月，离京去青岛，途经济南，回山东大学看望师生，与学校领导及部分教师、干部会面。8月，从青岛回济南到泰安参观游览，以86岁高龄登泰山，并题词："岱宗夫如何？"9月，再次回山东大学同100多名教师、干部座谈，并为学校题词："继续前进，努力不懈。"11月，瞻仰李大钊墓。12月，与中顾委的同志一起，瞻仰毛泽东主席遗容，并参加纪念吴玉章诞辰105周年大会。

1984年1月，参加中顾委党的组织生活会，讨论整党问题。5月1日，为《文汇报》"五四"笔会题词，鼓励青年"努力攀登文化与科学的新的高峰"。5月3日，突然发病，住北京医院，经检查为脑溢血。17日，病情恶化，心力衰竭，经抢救无效，于上午10时17分，心脏停止跳动，终年86岁。18日，新华社发布逝世公告。25日，在八宝山革命公墓举行隆重的遗体告别仪式。当日，新华社发布《成仿吾生平》，骨灰安放在北京八宝山革命公墓正一室。

纵观成仿吾的一生，他可谓是久经考验的无产阶级革命家，五四新文化运动的重要代表，著名的无产阶级文学家、教育家、社会科学家。

他是由"文化人"成为"革命人"的典型之一。一生阅历丰富，建树非凡，真正称得上是无怨无悔，把整个生命和全部精力都献给了世

上最壮丽的事业——为全人类的解放而斗争。

他究竟是个什么样的人呢？丁玲在未跟他谋面之前，曾产生过一系列的"合理想象"：

在文学上，他主张浪漫主义，创造社最早就是这样主张的；

他是从日本留学回来的，一定很洋气，很潇洒，因为曾见过一些傲气十足的诗人，趾高气扬，高谈阔论；

他在国外学军械制造，或许是庄重严肃之人；

他在黄埔军官学校担任过教官，一定有一种军人气概；

他曾经跟鲁迅进行过革命文学队伍内部的文学论争，写过火气很重的文章，是不是有点张飞李逵式的气质呢？

直到1936年，丁玲在陕北见到成仿吾时，第一个感觉就是"我想象的全错了"。原来成仿吾是一个"土里土气，老实巴交的普通人"，一个尊重别人、热情、虚心、平等待人的人。丁玲十分后悔："为什么我单单忽略了他是一个经过长征的革命干部、红军战士，一个正派憨厚的共产党员呢？"

成仿吾学贯中西，知识渊博，资深望重，一贯平等待人，

丁　玲

密切联系群众，关心和爱护学生，被学生亲切地称为"妈妈校长"。

成仿吾任校长时，无论教师或学生都尊称他"成老"或"成校长"。他是一个目光炯炯、脸面黑瘦、腰板挺直但个子矮小的老者，在学校的各个角落都能见到他的身影。比如在食堂，你会看见他挨个桌子询问伙食怎么样，有什么意见或建议，而跟随他身后的几位干部会不停地做笔录。

有人认为，学校里有总务处，下设膳食科，再往下有管理员，层层叠叠，学生吃饭之类的小事，用得着校长过问吗？但是成校长不仅问了，而且管了，把问题全都解决了。一件件小事昭示的正是共产党人的优良传统，是调查研究、倾听群众意见、为群众办实事的延安作风。学生生活无非是教室—食堂—宿舍三点一线，吃饭自然并非小事。俗话说"民以食为天"，何况又是在那种特殊困难时期。校长这样心里装着学生，为学生着想，学生心里就会激发奋斗图强的活力。

办大学的宗旨是教书育人，为社会主义革命和建设培养高素质人才。所以，成校长强调学校的党政工作、后勤管理，一切都要为教学服务，学校的一切活动都要以教学为中心。政治思想教育，教材建设，给老教授配助手，建立健全教师梯队，加强科学研究，攻克科学堡垒，等等，都是围绕着提高教学水平，造就一批又一批德智体全面发展的学生而进行的。学生要学好基础知识、基础理论、基本技能，树立严谨扎实的学风和敢想敢做、勇于攀登科学高峰的创新精神。一些人只知道成仿吾是创造社中的作家，而不晓得他曾为"富国强兵"思想所驱使，去日本东京帝国大学造兵科深造；只晓得他是带着窑洞气息的革命干部，

而不了解他还是精通德、日、英、法、俄五种外语，通今博古、学贯中西、视野开阔的翻译家和学者。早在延安时期，他就与徐冰合译了《共产党宣言》，垂暮之年独自重译《共产党员宣言》，校译《哥达纲领批判》《社会主义从空想到科学的发展》等。

"一个幽灵，共产主义的幽灵，在欧洲徘徊。旧欧洲的一切势力，教皇和沙皇、梅特涅和基佐、法国的激进党人和德国的警察，都为驱除这个幽灵而结成了神圣同盟。"这是过去通行的依据俄译本翻译的《共产党宣言》的首段文字，是许多共产党人印在脑子里、溶化在血液中的文字，从没有人想到"幽灵"一词的翻译存在问题。成仿吾校长对照了 1848 年德文原版，指出"幽灵"一词译得不正确："'幽灵'指死人的灵魂，意思不好。共产主义当时已经成为一种势力，对于反动派它是一个威胁，因而反动派才联合起来对共产主义进行围剿。"

于是，一本依据德文原版翻译的《共产党宣言》问世了。成仿吾把"幽灵"改为"魔怪"。因为马克思和恩格斯给奥·倍倍尔的信中有言，"红色魔怪"意味着"资产阶级对于它与无产阶级间不可避免的生死斗争的恐怖"。也就是说，在资产阶级眼里，共产主义是活生生的、可怕的妖魔鬼怪，而非死鬼。这一"起死回生"的改译，抓住了要义。于是，新译《共产党宣言》首段文字改为：

"一个魔怪出现在欧洲——共产主义的魔怪。旧欧洲的一切势力已经联合起来，对这个魔怪进行一种神圣的围猎，教皇和沙皇、梅特涅和基佐、法国的激进派与德国的警探们。"

90 高龄的朱德委员长读罢新译《共产党宣言》后，兴奋不已，竟

驱车到成府，当面称赏这本书"很好，很好懂，主要问题都抓住了。""做好这个工作有世界意义。"

如今，像成校长这样社会科学知识与自然科学知识兼有、中国文化素养与外国文化素养齐备的大学校长已经极为罕见了。像成校长这样优秀的校长永远是我们学习的榜样。